Karsten „Ted" Aschenbrandt

DAS PERFEKTE

WÜRSTCHEN

SELBST WURSTEN – GRILLEN – REZEPTE MIT WURST

IMPRESSUM

HEEL Verlag GmbH
Gut Pottscheidt
53639 Königswinter
Tel.: 0 22 23 92 30-0
Fax: 0 22 23 92 30-13
E-Mail: info@heel-verlag.de
Internet: www.heel-verlag.de

Fotos: Thomas Schultze
Coverfotos: Thomas Schultze, Stockfood (untere Reihe, Mitte)
Satz und Gestaltung: Claudia Renierkens, renierkens kommunikations-design, Köln
Foodstyling: Christine Birnbaum
Lektorat: Christine Birnbaum

Druck: Printed in Slovenia

ISBN 978-3-86852-449-9

DAS PERFEKTE
WÜRSTCHEN

SELBST WURSTEN – GRILLEN – REZEPTE MIT WURST

HEEL

INHALT

In kaum einem Land oder einer Kultur, in der man Fleisch brät oder grillt, fehlt sie. Eine Grillparty ohne Würstchen – schlicht undenkbar. Und auch die Kirmes, das Volksfest oder der Weihnachtsmarkt wäre ohne die Wurst im Brötchen nur halb so schön.

Aber auch am heimischen Esstisch war sie durch die Jahrzehnte immer ein treuer Begleiter und es gibt nur wenige Menschen in meinem Umfeld, die ohne Würstchen aufgewachsen sind.

Ich kenne Leute, die eine gute Brat- oder Grillwurst einem Stück Fleisch vorziehen und finde das auch absolut nachvollziehbar. Leider ist nicht jede Wurst so gut wie die, die es einst beim Metzger gab. Oder wie die aus dem Urlaub oder die von Onkel Heinz. Jeder kennt es, dieses nostalgische Wursterlebnis, die Erinnerung an einen ganz bestimmten, unvergleichlichen Geschmack. Also warum nicht mal Würstchen selbst machen? Es ist viel einfacher als man denkt, und die Entscheidung, was drin ist, wie dick, wie lang und wie fein sie werden, liegt allein beim „Wurstler" selbst. Die Möglichkeiten sind unendlich und wer bringt schon selbst gemachte Würste mit zur Grillparty? Allein die ungläubigen Gesichter der übrigen Gäste sind die Arbeit wert.

Ich selbst jedenfalls war auf meine ersten Würstchen, die ich mit Hilfe einer (neuen) Silikonpistole aus dem Baumarkt gefüllt habe, mehr als stolz. Der Wurstvirus steckte schnell Freunde und Bekannte an und mittlerweile treffen wir uns ab und zu zum Wursten und natürlich zum Verkosten.

Wer dieses Buch zur Hand nimmt und darin schmökert, wird schnell ein Gefühl dafür bekommen, dass man mit einfachen Mitteln das ganz persönliche „perfekte Würstchen" herstellen kann und dabei noch jede Menge Spaß hat.

Karsten „Ted" Aschenbrandt,
Mai 2011

Liebling
Bratwurst

Die älteste bekannte Quelle, in der eine Wurst erwähnt wird, findet sich in der griechischen Mythologie

> **Also wendet der Pflüger am großen brennenden Feuer**
>
> **Einen Ziegenmagen, mit Fett und Blute gefüllet,**
>
> **Hin und her, und erwartet es kaum, ihn gebraten zu sehen:**
>
> **Also wandte der Held sich hin und wieder, bekümmert,**
>
> **Wie er den schrecklichen Kampf mit den schamlosen Freiern begönne,**
>
> *Homers Odyssee, 20. Gesang, Vers 25*

Ein Ziegenmagen mit Fett und Blut gefüllt ist also der erste Hinweis auf ein Lebensmittel, das der Bratwurst sehr ähnlich ist. Sehr verlockend klingt das noch nicht, aber zum Glück hat man die letzten 2700 Jahre dazu genutzt, weiter zu experimentieren.

Aber nicht nur die Griechen, auch die Römer hatten schon Lust auf Wurst. Dieses Rezept aus dem Kochbuch „De re coquinaria" (Über die Kochkunst) des Apicius, der ältesten überlieferten Rezeptsammlung der römischen Antike, hat schon eine größere Ähnlichkeit mit einer Wurst:

Pfeffer, Kümmel, Bohnenkraut, Rauke, Petersilie, Gewürze, Lorbeeren und Liqvamen (eine Würzsauce aus Fischresten); dazu gut zerstampftes Hackfleisch und alles zusammen vermengen. Dazu dann weiteres Liqvamen, ganze Pfefferkörner, reichlich Fett und Nusskerne (z. B. Pinienkerne), und anschließend das Ganze in eine sehr dünne Wursthaut einfüllen.

Diese Wurst ist eigentlich eine Räucherwurst, die aber laut Vorgabe von Meister Apicius selbst nach kurzem Anräuchern auch gut gebraten werden kann.

Spätestens hier war klar, dass man unter einer Wurst in Därme gefülltes Fleischbrät versteht. Da man so in der Lage war, selbst kleinste Abschnitte und Fleischteile noch zu nutzen, um sie wieder zu einem Ganzen zusammenzufügen, wurde diese Art der „Resteverwertung" sehr beliebt und trat ihren Siegeszug an – beinahe um die ganze Welt. Die Rezepturen entwickelten sich durch geschmackliche Vorlieben und Verordnungen in unzählige Richtungen und es entstanden hier und da fast schon kultähnliche Richtlinien, Zusammenschlüsse, Interessengemeinschaften und Vereine rund um die Wurst.

Zeittafel mit den wichtigsten Eckdaten der Neuzeit:

3. JAHRHUNDERT	In der römischen Antike verliert die Bratwurst an Bedeutung.
7. JAHRHUNDERT	Slawische Sorben sollen Hackfleisch in Därmen abgefüllt als Wegzehrung bei sich getragen haben.
11. JAHRHUNDERT	In den Städten bilden sich Zünfte und daraus entwickeln sich die ersten Metzger.
1313	An der Außenmauer der Moritzkapelle von Nürnberg wird das „Nürnberger Bratwurstglöcklein" errichtet und damit geht die Nürnberger Rostbratwurst als erste urkundlich erwähnte Bratwurst in die Annalen ein.
1370	In Esslingen gibt es amtliche Reglementierungen über die Größe der Bratwurst.
20.01.1404	Die Thüringer Rostbratwurst taucht erstmals auf einer Rechnung des Arnstädter Jungfrauenklosters auf. Die älteste bekannte Rezeptur ist auf ein Jahr später datiert.
1432	Verabschiedung eines Reinheitsgebotes in der Fleischhauerordnung der Weimarer Fleischer für alle Arten von Würsten.
1462	In Nürnberg dürfen nur noch spezialisierte Schweinemetzger Bratwürste herstellen.
1470	In Esslingen darf nur reines Schweinefleisch zur Herstellung von Bratwürsten verwendet werden.
1498	Die Coburger Bratwurst wird erstmals auf einem Speisezettel des Georgenspitals erwähnt.
1573	Die erste 25 Gramm schwere Wurst wird in Nürnberg gegrillt und ist bis heute ein Dauerrenner.
1600/1601	Königsberger Metzger stellen eine Riesenbratwurst von circa 670 Metern Länge her.

Das älteste bekannte Rezept ist im Staatsarchiv zu Weimar zu finden. Es stammt aus der „Ordnung für das Fleischerhandwerk zu Weimar, Jena und Buttstädt" und ist unter dem § 25 niedergeschrieben. Die Bratwurst wurde damit amtlich.	**1613**
Der heilige Mauritius wird Schutzheiliger von Coburg und damit auch der Coburger Bratwurst („Bratwurstmännla").	**1.6.1622**
Der „Gemerck-Zettul" erscheint, ein für die Bratwurstköche verfasstes Standardwerk mit 6 Rezepturen.	**1691**
Mit dem „Thüringisch-Erfurtischen Kochbuch" erscheint das erste gedruckte Rezept für Thüringer Rostbratwürste.	**1797**
Das „Nürnberger Bratwurstglöckl" startet auch in München.	**1893**
Im 2. Weltkrieg fallen die Nürnberger Moritzkapelle und somit das Bratwürstglöcklein den alliierten Bombern zum Opfer.	**1944**
18.3. Der Nürnberger Stadtrat beschließt eine verbindliche Rezeptur der Nürnberger Rostbratwurst. 15.4. Die Rezeptur wird im Amtsblatt der Stadt Nürnberg veröffentlicht. Der Schutzverband Nürnberger Rostbratwürste wird gegründet. Das Rezept für die Nürnberger Rostbratwurst wird beim Deutschen Patent- und Markenamt angemeldet.	**1998**
15.7. „Nürnberger Bratwürste" und „Nürnberger Rostbratwürste" unterliegen dem EU-Herkunftsschutz. Nachzulesen im „Amtsblatt der Europäischen Gemeinschaften" (Verordnung Nr.1257/2003). 17.12. Auch die „Thüringer Rostbratwurst" genießt nun den EU-Herkunftsschutz.	**2003**
18.2. Gründung des Vereins „Freunde der Thüringer Bratwurst e.V.". 28.5. Eröffnung des ersten Deutschen Bratwurstmuseums in Holzhausen.	**2006**

Wenn man sich diese Zeitleiste vor Augen führt, sieht man, dass die Bratwurst eine lange Tradition hat. Und auch die Prognosen für die Zukunft sind nicht schlecht, denn:

„Solange die Erde sich dreht, wird die Wurst sich mit ihr drehen."

FAKTEN RUND UM DIE WURST:

In Holzhausen steht das deutsche Bratwurstmuseum.

Nicht das Braten gibt der Bratwurst ihren Namen, sie ist benannt nach dem Brät, mit dem sie gefüllt ist.

Die Amerikaner färben ihre „Stadium Brats" zum Super-bowl mit Lebensmittelfarbe in den Vereinsfarben ein.

Die längste Bratwurst misst 5.888 Meter. Der Landshuter Metzgermeister Bernhard Oßner stellte diese Riesenwurst am 27.06.1999 zusammen mit 16 Helfern und Gesellen her. Um die 1700 kg Brät in die Schafdärme zu füllen, wurden 9 Stunden und 16 Minuten benötigt. Das Ganze fand in einer eigens für den Rekordversuch umgebauten Scheune statt.

Am Cabo de São Vicente in der Sonne Portugals, am südwestlichsten Punkt Europas, steht der Brat-wurststand „Letzte Bratwurst vor Amerika".

Seit 2008 gibt es bratwurst.tv, ein Internetfernsehformat, das sich ausschließlich mit Bratwürsten befasst.

Martin Luther, der Kirchenreformator, hatte einst bei einem Wirt eine Thüringer Bratwurst gegessen, konnte sie aber nicht bezahlen. Also machte der Wirt einen Kreide-strich auf eine Tafel, um damit zu dokumentieren, dass Luther ihm noch Geld für eine Thüringer Bratwurst schuldet. Luther bezahlte diese Bratwurst aber nie und deshalb steht nicht nur Luther bis heute in der Kreide, sondern auch jeder andere, der jemandem etwas schuldet.

Über 20 Millionen Thüringer Bratwürste wurden bisher durch ein deutsch-vietna-mesisches Joint Venture in der Duc-Viet Bratwurstfabrik in Vietnam hergestellt.

Johann Wolfgang von Goethe ließ sich Nürnberger Rostbratwürste per Post nach Weimar schicken.

Der Nürnberger Stadtrichter Hans IV. Stromer (1517-1592) wurde 1554 wegen Geheimnisverrats und un-flätiger Reden zu lebenslanger Haft in einem Turm verurteilt. Als Patrizier hatte er einen Wunsch frei und verlangte, auf Kosten der Stadt jeden Tag zwei Brat-würste zu bekommen. Dies hielt er 38 Jahre lang aus, dann stürzte er sich aus dem Turm und starb. Er soll während seiner Haftzeit also fast 28.000 Würste gegessen haben.

Hilfsmittel
und Geräte

FLEISCHWOLF
WURSTFÜLLER
CUTTER
DÄRME
ZUBEHÖR

FLEISCHWOLF Die wichtigste Maschine bei der heimischen Wurstherstellung ist mit Sicherheit der Fleischwolf. Durch ihn werden Fleisch und Fett gleichmäßig in kleine Stücke zerkleinert, er ersetzt also das Hack- oder Wiegemesser und erleichtert die Arbeit enorm. Kernstück eines jeden Wolfes ist die Förderschnecke im Inneren, sie dreht sich und drückt die Fleischstücke gegen eine Lochscheibe vorn am Gerät. Gleichzeitig dreht sich ein auf der Schnecke vor der Lochscheibe angebrachtes Flügelmesser, das meist vier Klingen hat. Die Fasern des ankommenden Fleisches werden in die Löcher der Lochscheibe gedrückt und von den Klingen durchtrennt, die dicht und ohne Spiel auf ihr rotieren. Die abgeschnittenen Stückchen werden vom nachfolgenden Fleisch weitergedrückt und treten durch die Löcher aus.

Durch die Größe der Löcher in der Lochscheibe lässt sich die Feinheit des Bräts festlegen, am besten eignen sich Durchmesser zwischen 2 und 4,5 mm. Wenn bei Lochscheiben von der „Größe" die Rede ist, meint man damit die Größe der ganzen Scheibe, die übliche Haushaltsgröße ist 5.

**Verschiedene Lochscheiben,
Messer und Schnecke**

**Montierte Schnecke
und Überwurf**

**Elektrischer Fleischwolf
mit Zuführtablett,
perfekt geeignet für
das heimische Wursten**

Die einfachsten Fleischwölfe liegen preislich bei 20 Euro, die Schnecke wird hier mittels Kurbel handbetrieben und das Gerät mit einem Schraubfuß auf die Tisch- oder Arbeitsplatte gespannt. Meist sind bei diesen Wölfen noch Vorsätze für Spritzgebäck im Lieferumfang enthalten.

**Einfacher Fleischwolf zur
Befestigung am Tisch**

Brauchbare, elektrisch betriebene Wölfe gibt es ab etwa 120 Euro, die Obergrenze ist – wie scheinbar bei allen Küchengeräten – offen. Man sollte sich hier nicht unbedingt auf das günstigste Angebot verlassen, mit fünf Kilo Fleisch und einem kaputten oder überforderten Wolf kann der Wurstelsonntag schnell zum Albtraum werden. Also beim Kauf immer auf genügend Leistung achten, Minimum sind 1000 Watt!

Für beide Varianten des Fleischwolfs, den manuellen und den elektrischen, gibt es auch Wurstfüllvorsätze. Diese setzen allerdings voraus, dass man bindiges, also klebrig vermengtes Brät erneut durch die Schnecke dreht. Das Brät kann jetzt den ganzen Wolf verstopfen. Gleichzeitig wird es warm, und das Fett fängt an zu schmieren. Bei manuellen Wölfen ist es schwierig, für fortlaufenden Nachschub zu sorgen und die elektrischen kennen nur „An" und „Aus". Beim Füllen ist allerdings eher „Schnell" und „Langsam" wichtig. Wesentlich einfacher und besser geht es also mit einem Wurstfüller.

Wurstfüllrohr

17

WURSTFÜLLER

Der Handel bietet eine Vielzahl von Füllern an, das Prinzip ist jedoch immer gleich: Ein Zylinder wird mit Brät gefüllt, das mittels eines Kolbens durch einen Auslass gequetscht wird. Vor dem Auslass ist ein Füllrohr angebracht, auf das der Darm gezogen wird. Das Brät wird quasi durch das Füllrohr direkt in den Darm gedrückt, der dann fast automatisch nachläuft. Solange, bis der Darm vollständig abgewickelt ist, erhält man praktisch eine „Endloswurst".

Wer erst einmal probieren möchte, ob ihm das Wursten überhaupt gefällt, kann bei der Anfangsinvestition sparen, indem er etwas improvisiert: Die preiswerteste Lösung für einen Wurstfüller ist eine Silikonpistole aus dem Baumarkt, die mit gerade einmal 10 Euro zu Buche schlägt. Man sollte nur darauf zu achten, ein geschlossenes System zu kaufen, also eines, mit dem auch Beutelware gespritzt werden kann. Der freundliche Baumarktverkäufer kennt sich meist damit aus. Diese Pistolen haben einen Aluminiumzylinder und der Kolben wird mit dem Pistolengriff nach vorn geschoben. Die Spitze muss natürlich groß genug aufgeschnitten werden, damit das Wurstbrät problemlos austreten kann. Durch den relativ kleinen Durchmesser der Spitze, das als Füllrohr dient, eignen sich hier am besten Saitlinge mit entsprechend kleinem Kaliber.

Einfachste Form des Wurstfüllers – die Silikonpistole

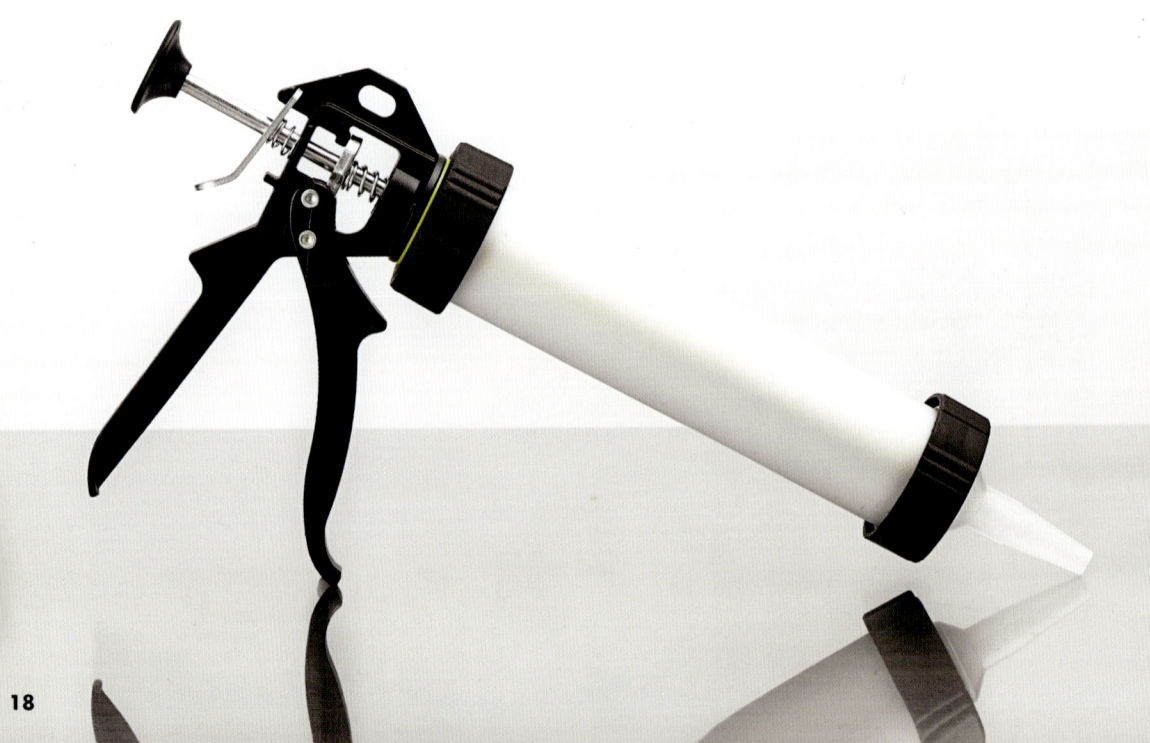

Flexibler und bequemer geht es natürlich mit einem richtigen Wurstfüller. Der Kolben wird hier mittels Zahnstange und -rad über eine Kurbel vorwärts geschoben. Das macht den Vortrieb des Bräts sehr gut kontrollierbar und man kann die Füllgeschwindigkeit regeln. Bei diesen Geräten sind die Füllrohre natürlich austauschbar und meist gehört eine Auswahl der wichtigsten Größen dazu, damit man vom Saitling bis zum dicken Bratwurstkaliber alle Därme leicht füllen kann. Wurstfüller gibt es in allen Preisklassen, der Einstieg für brauchbare Geräte liegt hier bei etwa 100 Euro. Man sollte nicht unbe-

Blick in den Wurstfüller mit Auslassöffnung für das Brät

Dieser Wurstfüller muss an der Tischplatte befestigt werden

dingt die preisgünstigste Lösung wählen. Der Zylinder muss einigem Druck standhalten können und sollte deshalb aus Metall sein, ebenso sind eine massive Zahnstange und ein sicherer Stand unabdingbar. Ob der Zylinder liegt oder steht spielt eine untergeordnete Rolle.

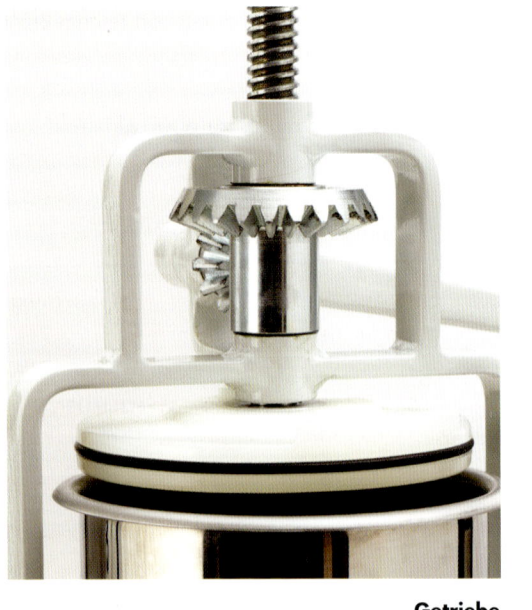

Getriebe

Halbprofessioneller Wurstfüller mit verschiedenen Füllrohren für unterschiedliche Darmkaliber

Unerlässlich für die Herstellung von feinem Brät ist der sogenannte Cutter. Anders als der Fleischwolf, der ja eher zur groben Zerkleinerung des Fleisches dient, wird im Cutter ein regelrechter Fleischbrei produziert. Dies geschieht durch rotierende, extrem scharfe Sichelklingen, die mit bis zu 3000 Umdrehungen pro Minute durch die Fleischzellen fahren. Eine Konsistenz wie die von feiner Leberwurst oder Fleischwurst ist das Ergebnis. Da die rotierenden Messer beim Arbeiten Wärme erzeugen, wird Eis oder Eiswasser zugegeben, um die Masse zu kühlen. Das Eiweiß würde sonst gerinnen und das Brät würde sich verfestigen. Ein Cutter ist sicher die teuerste Anschaffung für die Hobby-Wursterei, der Anfangspreis für kleine Tischcutter liegt bei fast 500 Euro. Recht brauchbare Ergebnisse für den Anfang können aber durchaus auch mit guten Küchenmaschinen mit entsprechender Funktion erreicht werden. Bei allen gewählten Modellen muss der Deckel verriegelbar sein und sicher schließen, da sonst durch die Messer, die im Inneren rotieren, schwerste Verletzungen hervorgerufen werden können.

CUTTER

Kleiner Tischcutter mit 3 l Fassungsvermögen

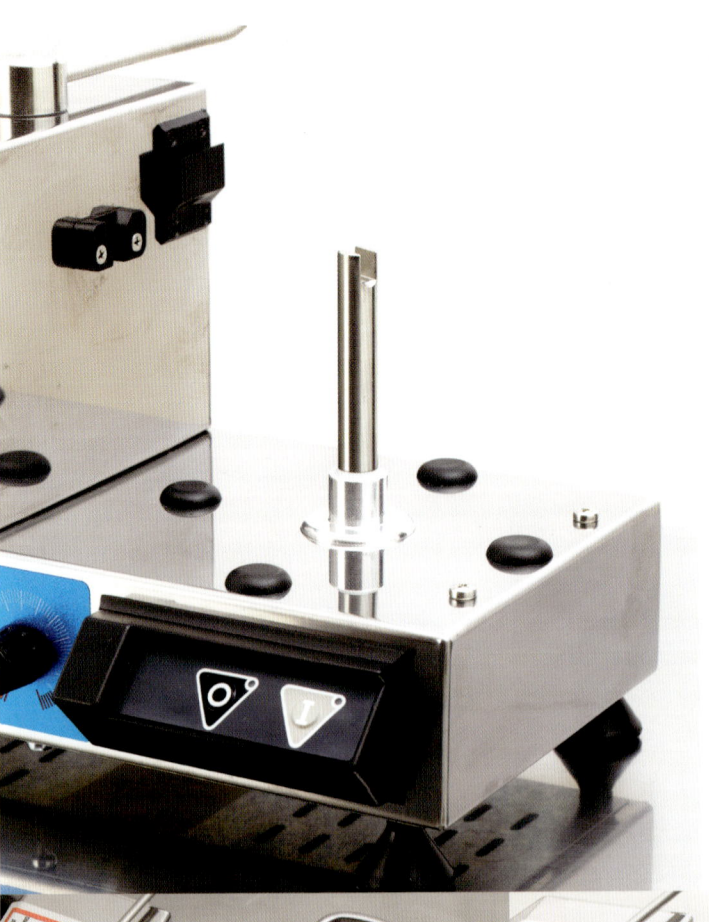

**Welle mit Hitze-
entkopplung und
Bedienpaneel**

**links unten: Einseitig ab-
gedecktes Sichelmesser**

**rechts unten: Die Messer-
welle gelangt durch die
Öffnung in den Behälter**

DÄRME

Der Darm als Hülle unterscheidet die Wurst von der Frikadelle, er sorgt für den knackigen Biss und hält den Saft im Inneren. Für die Bratwurstherstellung dienen Schweine- und Schafdärme, die nach Schlachtung und Zerlegung pariert und geputzt werden. Ihre genauen Bezeichnungen sind „enger Darm" beim Schwein und „Saitling" beim Schaf. Saitlinge sind die teuersten und zartesten Därme. Der Name Saitling kommt übrigens von der Verwendung als Instrumentensaite, das verdeutlicht auch die Robustheit eines Darms. Zur Lagerung und Konservierung werden sie entweder in Salzlake eingelegt oder trocken und luftdicht eingesalzen, so sind sie in der Kühlung über Monate haltbar. Vor der Verarbeitung werden die Därme in kaltem Wasser abgespült, um sie zu entsalzen und dann in handwarmes Wasser eingelegt, damit sie geschmeidig werden.

Trockene, eingesalzene Därme in verschiedenen Kalibern gebündelt

Die Dicke der Därme ist in Kaliber unterteilt, die Auskunft über den Durchmesser geben Millimeterangaben.

So gibt es bei Schweinedärmen, die sich zur Herstellung von Bratwurst eignen, folgende Größen:	Und bei Saitlingen:
26/28	16/18
28/30	18/20
30/32	20/22
	22/24
	24/26
	26/28

Die übliche Handelsmenge wird oft in Hanks angegeben. Dieses amerikanische, bzw. englische Maß entspricht 100 Yards, was wiederum 91,44 Meter sind.

Wer also 1 Hank 20/22er Saitling kauft, erhält 91,44 Meter Schafdarm mit einem Durchmesser von 20–22 Millimetern. Die Preise liegen bei 20–30 Euro pro Hank.

ZUBEHÖR

Natürlich braucht man zum Wursten noch etwas Zubehör, das sich aber in jeder Küche finden sollte:

- Schneidebrett und Messer zum Zerkleinern von Fleisch, Fett und Kräutern.
- Digitale Feinwaage zum genauen Abwiegen der Gewürze, am besten mit 0,5 Gramm Teilung.
- Küchenwaage zum Abwiegen des Fleischs.
- Schüsseln und entsprechende Behälter zum Vermengen des Bräts mit Kräutern und Gewürzen und zum Einweichen der Därme.
- Schlesinger, Cutterschaber oder Teigschaber zum Ausschaben von Füller und Schüsseln.
- Wurst- oder Bratenschnur zum Abbinden der Darmenden.

Mit diesen wenigen Helfern ist es bereits möglich, schöne und leckere Würstchen selbst herzustellen. Sollte ein Vakuumierer vorhanden sein, kann man die Würste einschweißen und einfrieren. Sie lassen sich in lauwarmem Wasser schnell auftauen und somit ist man für die spontane Grillparty immer bestens gerüstet.

Das wichtigste Hilfsmittel ist allerdings ein Helfer menschlicher Natur. Das erleichtert die Arbeit ungemein und es macht natürlich viel mehr Spaß, gemeinsam zu wursten.

Das wichtigste Zubehör zum Wursten

Vom Fleisch zur Wurst

WOLFEN
CUTTERN
FÜLLEN
BRÜHEN

WOLFEN

Am Anfang steht der Wolf. Das sollte man meinen, da aber Bauchseite oder Schweine-schulter schlecht als Ganzes in den Fleischwolf passen, werden die ersten Schritte beim Wursten durch das Messer erledigt. Die Fleischteile müssen so klein geschnitten werden, dass sie gut durch die Zuführung des Fleischwolfes passen.

Schwarten, Knorpel und natürlich Knochenstücke haben im Wolf nichts verloren, auch sollten eher würfelförmige Stücke als langfaserige Streifen geschnitten werden.

Die folgenden Step-by-step-Fotos
veranschaulichen die einzelnen Arbeitsschritte:

Ganzer Schweine-bauch „ladenfertig"
mit Rippen ...

... und Schwarte

**Die Knochenhaut
wird seitlich
der Rippen
eingeschnitten ...**

**... der Rippen-
knochen
ausgelöst ...**

**... und per Hand
herausgezogen**

Am einfachsten ist es dann, den Bauch in dicke Scheiben zu schneiden, ...

... die Schwarte vom Fett zu lösen ...

... und das Fleisch mit dem Fett von der Schwarte abzuziehen

Abgeschwartete Streifen in gleichmäßige Würfel schneiden

Fertig gewürfelter Schweinebauch

Das Fleisch, das man zum Wursten verwendet, soll natürlich über viel Eigengeschmack verfügen. Deshalb eignen sich Teilstücke, die beim lebenden Tier viel bewegt wurden, also Nacken, Bauch (bei jedem Atemzug bewegen sich Brustkorb und Rippen) und Schulter besonders gut. Zwangsläufig sitzen hier auch die meisten Sehnen und viel Bindegewebe. Ein hartes Stück Arbeit für den Fleischwolf, also helfen wir ihm, indem wir das Fleisch in walnussgroße Stücke schneiden und so die starken Fasern von Sehnen und Bindegewebe schon mal durchtrennen.

Schieres Fleisch, hier ein Schweinenacken ...

... wird zuerst in gleichmäßige ...

... Scheiben, ...

... dann in Streifen ...

... und schließlich ...

Beim Wolfen von Bauch- oder Rückenspeck ist es zu empfehlen, diesen vor dem Wolfen etwas anzufrieren. Er ist dann härter, schmiert nicht mehr und lässt sich wesentlich besser im Wolf zerkleinern. Wenn man den angefrorenen Speck in Würfel mit einer Kanten-länge von etwa einem Zentimeter schneidet und diese dann vor dem Wolfen unter die Fleischwürfel mengt, wird die Masse später im Wolf schön vermischt und Speck und Fleisch sind besser verteilt. Kräuter und Gewürze können der Masse jetzt auch schon beigefügt und gleichmäßig untergemischt werden.

Nach dem Wolfen folgt immer das Kneten. Das Wurstbrät muss solange geknetet werden, bis es klebt, das gibt der Wurst die Festigkeit und verhindert, dass sie auseinanderfällt. Bei diesem Vorgang werden auch die Gewürze mit eingeknetet, sofern sie nicht schon vor dem Wolfen zugegeben wurden. Dabei ist zu beachten, dass sich keine sogenannten Gewürznester bilden und sich Kräuter und Gewürze gleichmäßig im Brät verteilen.

Das Kneten an sich geht am besten mit der Hand in einer entsprechend großen Schüssel. Erleichterung kann hier natürlich eine Küchenmaschine mit geeignetem Knetwerkzeug bieten. Das Kneten von Hand ist zwar nicht allzu anstrengend, allerdings hat das Brät eine Temperatur von etwa 4–6 °C, was auf Dauer sicherlich zu kalten Händen führt ...

Fleischwolf mit gewürfeltem Fleisch und Gewürzen

Zuführtablett und Wolfstopfer

Gewürze werden gleichmäßig im Brät verteilt

Ausgiebiges Kneten schafft Bindigkeit

CUTTERN

Um aus grobem Brät feines herzustellen, eignet sich am besten ein Cutter. Der Wolf leistet hier die Vorarbeit für die schnell rotierenden Sichelklingen, indem er die Fleischfasern bricht und zerkleinert. Der Cutter kann nun aus dem Brät einen glatten und homogenen Fleischbrei schneiden, der dann zur Herstellung von feinen Bratwürsten dient. Die Seitenflächen der Klingen und die Reibung, die dort entsteht, wenn sie mit bis zu 3000 Umdrehungen pro Minute durch das Brät fahren, erzeugen Wärme. Wärme wirkt sich aber negativ auf die Bindigkeit des Bräts aus und deshalb sollte es sich während des Cutterns auf nicht mehr als 12–15 °C erwärmen. Diese Erwärmung kann man verhindern, indem nur gut durchgekühltes Brät in den Cutter kommt. Zusätzlich sollte noch etwa 15 % gecrushtes Eis oder Scherbeneis zugefügt werden, dann kann man die Masse ohne Probleme zerkleinern, ohne dass sie zu warm wird. Zum Messen der Temperatur eignet sich ein digitales Einstechthermometer, das man kurz in das Brät steckt.

Brät wird in den Cutter gefüllt

Schließen ...

... und Verriegeln des Deckels

Nur der verriegelte Cutter lässt sich einschalten

Ausgecuttertes, feines Brät

FÜLLEN

Während beim Wolfen und Cuttern die Arbeit in der Hauptsache von einer Maschine übernommen wird, braucht es beim Füllen etwas mehr Geschick und Fingerspitzengefühl. Als erstes wird der Zylinder des Füllers so dicht wie möglich und ohne Lufteinschlüsse mit Brät gefüllt. Wird der Zylinder nicht dicht genug gefüllt, bekommen die Würste Luftblasen und platzen beim Braten an diesen Stellen. Das Brät sollte immer kurz nach dem Verkneten abgefüllt werden, da es sonst abbindet und sich nur noch sehr schwer durch das Füllrohr drücken lässt. Dann wird der gewässerte Darm auf das gut angefeuchtete Füllrohr geschoben. Man kann hier ruhig die ganze Länge des Rohres ausnutzen, umso weniger muss man vorne immer wieder neu aufziehen. Der Darm muss ohne Verdrehungen vorsichtig aufgeschoben werden, jeder Riss lässt später Wurstbrät austreten. An der Rohrspitze lässt man 5–6 Zentimeter überhängen, dies wird eines der Wurstenden. Dabei muss man beachten, dass dieses Ende noch nicht zugebunden werden darf, die Luft im Füller muss noch entweichen können.

Ist der Darm aufgezogen, treibt man den Kolben ganz langsam und behutsam voran, bis die Luft aus dem Rohr vollständig entwichen ist und das erste Brät erscheint. Jetzt kann man den Darm verknoten oder zubinden, das macht es etwas einfacher. Das Füllen kann nun beginnen. Der Kolben wird gleichmäßig vorgeschoben und das austretende Brät zieht den Darm mit. Hierbei ist darauf zu achten, dass die Wurst immer knickfrei und gerade vom Füller weggeführt wird und der Darm von alleine und leichtgängig nachrutscht. Auch darf die Wurst nicht zu stramm gefüllt werden, sie lässt sich dann später nicht mehr zu Einzelwürsten abdrehen. 5 Zentimeter bevor der Darm komplett abgezogen ist, wird der Kolben gestoppt und auch das zweite Ende der Wurst abgebunden. Nun sollte man eine 2,5–5 Meter lange Wurst locker zusammengelegt mit zwei verschlossenen Enden auf der Arbeitsfläche liegen haben. Zu groß für Grill und Pfanne? Also abdrehen!

Mit Daumen und Zeigefinger wird das Brät an den jeweiligen Enden der Würstchen etwas weggedrückt, sind sie zu stramm gefüllt worden, werden sie spätestens jetzt platzen. Dann wird jede zweite (!) Wurst mit einer Drehbewegung mit etwa 5 Umdrehungen abgedreht. Wenn man jede Wurst einzeln abdrehen würde, würde man die vorher abgedrehte immer wieder aufdrehen. An den Stellen, an denen die Würste abgedreht wurden, kann man sie nun mit einer Haushaltsschere durchschneiden und fertig sind die einzelnen Bratwürste – so, wie sie jeder kennt und liebt.

Damit man sich die einzelnen Arbeitsvorgänge besser vorstellen kann, werden sie noch einmal mit Step-by-step-Fotos gezeigt:

Zylinder des Füllers wird mit Brät gefüllt, ...

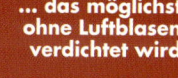

... das möglichst ohne Luftblasen verdichtet wird

Aufziehen der gewässerten Därme

Durch vorsichtiges Betätigen der Kurbel beginnt sich der Darm zu füllen ...

... und es entsteht eine „Endloswurst", ...

... die am hinteren Ende abgebunden wird

Je nach ge-
wünschter Größe
der Würstchen
Maß nehmen ...

... und durch eine
Drehbewegung
abbinden

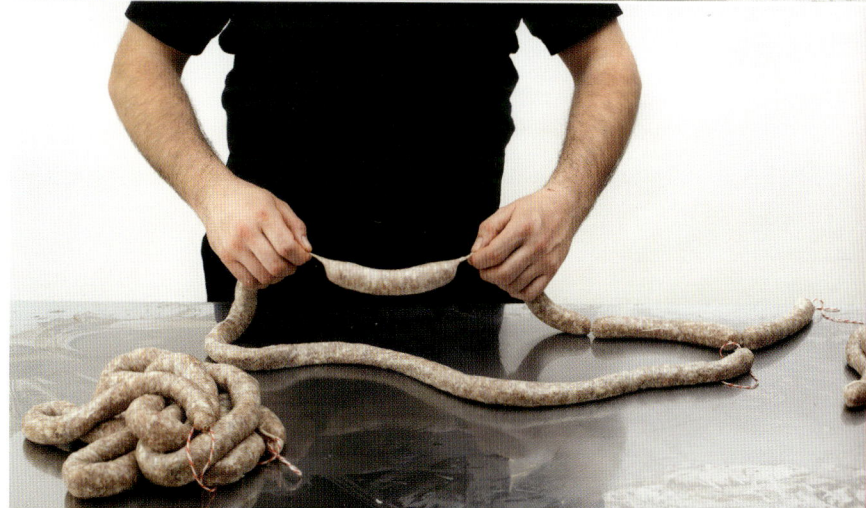

So entstehen aus
der „Endloswurst"
viele kleine, per-
fekte Würstchen, ...

... die schließlich in der Mitte der Abbindung voneinander getrennt werden

Perfekte selbstgemachte Würstchen

BRÜHEN

Das Brühen dient dem Haltbarmachen und der einfacheren Handhabung von feinen Bratwürsten. Sie werden in siedendem Wasser gargekocht und sind danach quasi verzehrfertig. Grill oder Pfanne sind dann nur noch für die Röstaromen und die Farbe zuständig.

Das Wichtigste beim Brühen ist der Salzanteil im Brühwasser, er sollte genau so hoch sein wie der der Wurst. Ist er zu hoch, zieht die Feuchtigkeit aus der Wurst und sie trocknet aus, ist er zu niedrig, zieht die Wurst Wasser und platzt beim späteren Braten auf.

Der richtige Salzgehalt lässt sich leicht mit der Salzmenge des Rezeptes auf die Menge Brühwasser umrechnen. So ist man immer auf der sicheren Seite.

Die Faustregel für die Dauer der Brühzeit lautet:

■ Erhitzungszeit bei 76–80 °C pro mm Kaliber 1,5 Minuten, d. h. eine Wurst mit 30 mm Durchmesser braucht etwa 45 Minuten.

■ Die Temperatur sollte 80 °C nicht überschreiten, denn je schonender die Wurst gegart wird, umso besser sind Konsistenz und Biss des Endproduktes.

■ Noch sicherer ist das Überwachen der Kerntemperatur mit einem Kernthermometer. Bei 70 °C Kerntemperatur, gemessen an der dicksten Stelle der Wurst, ist der Garprozess abgeschlossen. Damit der Fühler keine Löcher in die Wurst piekst, kann man ihn vorsichtig durch die Abbindung ins Innere der Wurst schieben.

Frische, feine Bratwürste vor dem Brühen

Frisch oder gebrüht –
die größten Unterschiede

Bratwurst ist gleich Bratwurst? Weit gefehlt!

Abgesehen von den verschiedenen Rezepturen liegen die Unterschiede hauptsächlich in der Konsistenz des Bräts und des Darmdurchmessers.

FRISCHE ODER ROHE BRATWURST

Frische oder rohe Bratwurst besteht, wie der Name schon vermuten lässt, aus frischem Hackfleisch. Deshalb greift hier die „Tierische Lebensmittel-Hygieneverordnung", in die 2007 die alte Hackfleischverordnung aus dem Jahr 1936 als Gesetz eingeflossen ist. Demnach muss Hackfleisch noch am Tag der Herstellung verkauft und verarbeitet werden. Aus diesem Grund findet man im Handel rohe Würste fast ausschließlich beim Fleischer oder in der Frischfleischtheke. Denn durch das Zerkleinern im Wolf bietet das Fleisch eine erheblich größere Oberfläche als gewachsenes Fleisch und damit wesentlich mehr Angriffsfläche für Bakterien und Keime.

links: grobe, rohe Bratwurst
rechts: feine, gebrühte Bratwurst

links: feine Bratwurst, gebraten
rechts: grobe Bratwurst, gebraten

Brät für **rohe** Würste wird im Allgemeinen gröber gewolft, dadurch enthalten die Würste Brätstücke von der Größe einer Erbse.

Die Herstellung **frischer** Bratwürste in der heimischen Wurstküche ist weniger aufwendig und eignet sich gut für die ersten Versuche. Das feine Hacken (Cuttern) des Bräts und das Brühen entfallen, das Fleisch wird lediglich gewolft, mit Gewürzen vermischt, gut verknetet und schließlich in Därme gefüllt. Man muss natürlich nicht alle Würste am selben Tag aufessen, sie lassen sich hervorragend einfrieren.

Allerdings ist das Grillen und Braten roher Würste schwieriger als das von gebrühten, denn sie müssen innen durchgegart werden und dürfen gleichzeitig außen nicht verbrennen.

GEBRÜHTE BRATWURST

Da das Brät in gebrühten Bratwürsten beim Erhitzen stockt, sind diese Würste fester bzw. steifer und blasser als rohe. Dosenwürstchen, folienverpackte oder vakuumierte Grillwürste sind generell immer gebrüht. Das heißt, sie sind bereits durchgegart und verzehrfertig und müssen nur noch gebräunt werden. Sie fallen damit nicht unter die Hackfleischverordnung und sind gerade deshalb für Gastronomie und Handel interessant. Neben ihrer längeren Lagerfähigkeit sind sie einfacher zu braten oder zu grillen und halten auch schon mal einige Stunden auf der Warmhalteplatte ihre Form. Letzteres kann man leider an vielen Imbissbuden beobachten, wo der „Koch" häufig auf Vorrat produziert und dann die Würste einfach warmhält.

Man kann also getrost davon ausgehen, dass die Kirmes- oder Stadionwurst immer eine gebrühte ist.

DICK ODER DÜNN?

Natürlich gibt es für alle Arten von Bratwürsten „Vorschriften" bezüglich der Dicke und Länge, ein gutes Brät schmeckt aber immer, egal ob die Wurst dick oder dünn, kurz oder lang ist. Hier entscheidet letztendlich nur der persönliche Geschmack.

Der Handel gibt verschiedene Dicken vor, in der die Därme verkauft werden, die sogenannten Kaliber. Für normale Bratwürste empfehlen sich Schweinedärme mit etwas größerem Kaliber bzw. Durchmesser. Für Nürnberger oder dünne Würste im Allgemeinen eignen sich Saitlinge, etwas feiner in der Struktur und kleiner im Kaliber. Ob gebrühte oder frische Würste gemacht werden sollen, spielt hier keine Rolle.

Das perfekte Grillwürstchen

Wird eine Bratwurst in der Pfanne gebraten, ist es eine Bratwurst. Auch wenn ihr Name nicht vom Braten herrührt, sondern auf die Füllung mit Brät zurückzuführen ist, bleibt eine gebratene Wurst „nur" eine Bratwurst.

Das Tüpfelchen auf dem i, letzter Feinschliff und ultimatives Upgrade eines schon perfekten Würstchens ist deshalb seine Adelung zum „Grillwürstchen".

Eine Bratwurst schmeckt vom Grill einfach am besten. Man stelle sich nur vor, auf der nächsten Kirmes würde statt des obligatorischen, meist riesigen Schwenkgrills eine Pfanne für die Zubereitung von Würsten und Steaks bereitstehen. Schnell würde alles im eigenen Fett schwimmen und knackige Thüringer, Krakauer und Rostbratwürste gehörten der Vergangenheit an – katastrophal. Der Name Rostbratwurst sagt also eigentlich schon fast alles:

DER GRILLROST GEHÖRT ZUR BRATWURST WIE DER DECKEL ZUM TOPF!

Aber warum ist das so? Warum schmeckt eine Wurst vom Grill anders als aus der Pfanne? Was ist besser geeignet, ein Gas-, Kohle- oder Elektrogrill? Wie vermeide ich das leider immer noch klassische Grillschema „außen schwarz und innen roh"? Das sind Fragen, die sich jeder Wurstfan sicher schon einmal gestellt hat.

Eins vorweg: Grundsätzlich kann man auf jedem Grill eine Wurst zubereiten, das Ergebnis wird sich allerdings unterscheiden. Diese Unterschiede beziehen sich hauptsächlich auf frische Würste. Vorgebrühte Würste sind wesentlich einfacher zu grillen und verzeihen viele Fehler, kommen allerdings, was Biss und Geschmack angeht, nicht an eine frische Wurst heran. So wird sich eine Vorgebrühte, die schon zwei Stunden in der Imbisswarteschleife auf der Warmhalteplatte verbracht hat, kaum von einer gerade gebratenen Wurst unterscheiden. Eine frische Bratwurst wäre dann bereits zum kleinen Schrumpelwürstchen verkümmert.

HITZE

Hitze ist gleich Hitze? Auf keinen Fall. Um Würstchen zu grillen, braucht man eine trockene Hitze, denn die Wursthaut reagiert sofort auf die Umgebungsfeuchte. Ist diese zu hoch, schrumpelt sie ein und wird weich statt knackig. Eine trockene Hitze ist für Grillwürstchen also die beste. Gute Elektro- und Gasgrills verfügen über einen Deckel, der die Hitze im Inneren hält und auf diese Weise übermäßigem Hitzeverlust und letztendlich Strom- und Gasverbrauch entgegenwirkt. Der Deckel schließt natürlich auch die Feuchtigkeit mit ein, und das, was bei Fleisch für Saftigkeit sorgt, lässt beim Würstchen die Haut weich werden. Daher ist meine Empfehlung für perfekte Grillwürstchen ein offener Kohlegrill. Die Infrarotstrahlung der durchgeglühten Kohle ist trocken, geschmacksneutral und heiß genug, damit man ohne Deckel grillen kann. Und das Wichtigste: die Wurst bekommt „Biss".

OPTIK

Eine Wurst aus der Pfanne ist zwar auf beiden Seiten schön gebräunt, aber das war's auch schon. Ein gegrilltes Würstchen ist rundherum braun und hat an den Kontaktstellen mit dem Grillrost die typischen Grillmarkierungen. Diese Streifen, der Grillexperte spricht hier oft von den sogenannten Brandings, weisen das Würstchen erst als typische Grillwurst aus. Die besten Brandings lassen sich mit gusseisernen oder aus dickem Edelstahl gefertigten Rosten erzielen. Diese speichern die Hitze besonders gut und geben diese an das Würstchen ab, ohne selbst abzukühlen.

VORSICHT HEISS!

Für den sicheren Weg zum perfekten Grillwürstchen spielt der richtige Aufbau des Grillinneren, sprich die Anordnung der Hitzequelle (z. B. Gasbrenner, Kohlen) eine wichtige Rolle. Man sollte immer für eine heiße und eine kalte Zone sorgen. Beim Kohlegrill ist das einfach, die Kohlen kommen nur in eine Hälfte des Grills, die andere bleibt leer. Beim Gas- oder Elektrogrill werden die Brenner bzw. Heizstäbe entsprechend aktiviert. Hat man nur einen Brenner oder Heizstab im Grill verbaut, dient ein Warmhalterost als kalte Zone.

Das Würstchen kann nun auf der direkten Hitze gegrillt werden. Wird es zu dunkel oder kommt es zu einer Flammenbildung, zieht man es einfach in die sichere, kalte Zone und es kann dort ohne zu verbrennen fertiggaren. Es geht natürlich auch umgekehrt, dabei wird das Würstchen zunächst in der kalten Zone gegart und zuletzt erst auf der heißen Zone „gebrandet", sprich knackig, braun- und schöngegrillt.

GRILLTIPPS

- Erst mit dem Grillen beginnen, wenn die Kohlen mit einer weißen Ascheschicht überzogen sind.

- Nur geprüfte Anzünder verwenden, niemals Spiritus! Ein sogenannter Anzündkamin ist hier die erste Wahl.

- Den Grillrosten nach dem Einsetzen etwas Zeit geben, damit sie aufheizen können.

- Immer mit heißer und kalter Zone grillen.

- Die Würstchen mit einer Zange wenden, eine Gabel verletzt die Haut und das lässt den Saft auslaufen.

- Manche Wurstexperten geben Tannenzapfen, Holzstücke, Weinreben oder Kräuter in die Glut, das sorgt für einen aromatischen Rauch.

Mit diesen Tipps und etwas Wissen um die Wurst wünsche ich viel Erfolg auf dem Weg zum perfekten Grillwürstchen!

Und hier wird in anschaulichen Step-by-step-Fotos der Weg zum perfekten Würstchen gezeigt – vom Anzünden des Feuers über die Glut bis zum Garprozess.

Ohne Flammen keine Glut

Der Anzündkamin nimmt
langsam Fahrt auf ...,

... die Glut bahnt sich
ihren Weg nach oben ...

... und überzieht
zuletzt auch die
obersten Kohlen
mit einer Asche-
schicht.

Die durchgeglühten Kohlen werden nun in den Grill geschüttet ...

... und mit einer hitzebeständigen Zange ...

... auf eine Seite des Grills gebracht. Jetzt kann aufgelegt werden.

Je drei feine und drei grobe Bratwürste direkt über der Kohle

Rechtzeitiges Wenden ist unerlässlich

Die gebräunten Würstchen werden zum Fertiggaren in die indirekte Zone gelegt

Nach und nach werden alle Würstchen von der Glut genommen ...

... und in die „kalte" Zone gelegt

Dort lassen sich selbst frische Würstchen für einige Minuten warmhalten

Wurstrezepte

Die Klassiker – heimische Wurstrezepte

Die klassischen deutschen Würste sind meist nach ihrer Herkunft bezeichnet und immer in etlichen Abwandlungen zu finden. Eines haben sie aber gemeinsam: Sie sind alle sehr lecker!

THÜRINGER ROSTBRATWURST

Zutaten für 2,5 kg Wurst

FLEISCH:

2	kg	Schweineschulter
500	g	Rindernacken

GEWÜRZE:

55	g	Salz
5	g	weißer Pfeffer, gemahlen
1,5	g	Macis
2,5	g	Cumin

ZUBEREITUNG:

Das Fleisch durch die 8er Scheibe wolfen.

Alle anderen Zutaten zufügen und alles gut vermengen, bis die Masse zu kleben beginnt.

In Saitlinge füllen und etwa 80–100 g schwere Würste abdrehen.

NÜRNBERGER ROSTBRATWÜRSTL

Zutaten für 2,5 kg Wurst

FLEISCH:

1,5	kg	Schweineschulter
1	kg	Nacken- oder Kammspeck

GEWÜRZE:

50	g	Salz
5	g	schwarzer Pfeffer, gemahlen
2,5	g	Majoran, getrocknet
2,5	g	Muskat
2,5	g	Zwiebelgranulat

ZUBEREITUNG:

Das Fleisch würfeln.

Mit den restlichen Zutaten vermengen und zu einer glatten Masse cuttern.

In dünne Saitlinge füllen und auf ein Gewicht von 20–30 g abdrehen.

COBURGER BRATWURST

Zutaten für 2,5 kg Wurst

FLEISCH:

1	kg	Schweineschulter
1	kg	Schweinebauch ohne Schwarte
500	g	Rindernacken

GEWÜRZE:

50	g	Salz
7,5	g	weißer Pfeffer, gemahlen
3	g	Macis
3	g	Zitronenschalenpulver
2		Eier

ZUBEREITUNG:

Das Fleisch durch die 8er Scheibe wolfen.

Alle anderen Zutaten zufügen und mit Gewürzen und Eiern gut vermengen, bis die Masse zu kleben beginnt.

In Bändeldärme oder Schleiß füllen und auf ein Gewicht von 80–100 g abdrehen. Wenn man keinen Schleiß bekommt, kann man auch normale Saitlinge verwenden.

FRÄNKISCHE BRATWURST

**Zutaten für
2,5 kg Wurst**

FLEISCH:

800	**g**	Rindernacken
800	**g**	Schweineschulter
900	**g**	Schweinebauch ohne Schwarte

GEWÜRZE:

50	**g**	Salz
5	**g**	schwarzer Pfeffer, gemahlen
2	**g**	Piment
2	**g**	Macis
2	**g**	Ingwerpulver
5	**g**	Majoran, getrocknet

ZUBEREITUNG:

Das Fleisch durch die 5er Scheibe wolfen.

Alle anderen Zutaten zufügen und alles gut vermengen, bis die Masse zu kleben beginnt.

In Schweinedärme Kal. 20–26 füllen und auf ein Gewicht von 80–100 g abdrehen.

REGENSBURGER BRATWURST

Zutaten für 2,5 kg Wurst

FLEISCH:

1,5	kg	Rindernacken, wer's feiner mag, nimmt Kalbsschulter
500	g	Schweinenacken
500	g	grüner oder Rückenspeck ohne Schwarte

GEWÜRZE:

60	g	Salz
5	g	weißer Pfeffer, gemahlen
1,5	g	Ingwerpulver
1,5	g	Koriander, gemahlen
1	g	Zitronenpulver

ZUBEREITUNG:

Das Fleisch und den Speck würfeln. Dabei den Schweinenacken nicht mit dem Rindfleisch und dem Speck vermischen.

Den Speck anfrieren und in der Zwischenzeit den Schweinenacken durch die 8er Scheibe wolfen.

Speck und Rind im Cutter zu einer glatten Masse verarbeiten und dann mit Gewürzen und Schweinenackenbrät gründlich vermengen.

In Saitlinge füllen und auf eine Länge von etwa 10 cm abdrehen.

RHEINLÄNDER BRATWURST

Zutaten für 2,5 kg Wurst

FLEISCH:

1,8	kg	Schweineschulter
700	g	grüner oder Rückenspeck

GEWÜRZE:

55	g	Salz
6	g	weißer Pfeffer, gemahlen
0,5	g	Macis

ZUBEREITUNG:

Das Fleisch und den Speck würfeln.

Den Speck anfrieren und anschließend mit den restlichen Zutaten zu einer glatten Masse cuttern.

In Schweinedärme beliebiger Größe füllen und auf ein Gewicht von circa 100 g abdrehen.

FRANKFURTER BRATWURST

Zutaten für 2,5 kg Wurst

FLEISCH:

1	kg	magerer Schweineschinken oder -rücken
1,5	kg	Kamm- oder Nackenspeck

GEWÜRZE:

65	g	Salz
5	g	weißer Pfeffer, gemahlen
3	g	Paprikapulver
2	g	Koriander, gemahlen

ZUBEREITUNG:

Das Fleisch würfeln und gründlich mit den Gewürzen vermischen.

Abdecken und über Nacht im Kühlschrank durchziehen lassen.

Solange cuttern, bis der Speck etwa erbsengroß ist.

In dünne Schweinedärme füllen und auf ein Gewicht von 80–100 g abdrehen.

PFÄLZER BRATWURST

Zutaten für 2,5 kg Wurst

FLEISCH:

1,25	kg	Schweineschulter
1,25	kg	Schweinebauch ohne Schwarte

GEWÜRZE:

50	g	Salz
5	g	schwarzer Pfeffer, gemahlen
2,5	g	Muskat
2,5	g	Koriander
2		Knoblauchzehen, durchgedrückt

ZUBEREITUNG:

Das Fleisch durch die 8er Scheibe wolfen.

Alle anderen Zutaten zufügen und alles gut vermengen, bis die Masse zu kleben beginnt.

In Schweinedärme Kal. 20–26 füllen und auf ein Gewicht von 80–100 g abdrehen.

MÜNSTERLÄNDER MILCHBRATWURST

Zutaten für 2,5 kg Wurst

FLEISCH:

1,5	kg	Schweinenacken
800	g	Schweinerücken
200	g	Rindernacken

GEWÜRZE:

60	g	Salz
6	g	schwarzer Pfeffer, gemahlen
2,5	g	Macis

ZUSÄTZLICH:

200	ml	Milch

ZUBEREITUNG:

Das Fleisch durch die 5er Scheibe wolfen.

Alle Gewürze und die Milch zufügen und alles gründlich vermengen, bis die Masse zu kleben beginnt.

In Schweinedärme Kal. 20–26 füllen und auf ein Gewicht von 80–100 g abdrehen.

OBERLÄNDER BRATWURST

Zutaten für 2,5 kg Wurst

FLEISCH:

1,6	kg	Schweineschulter
900	g	Bauchspeck ohne Schwarte

GEWÜRZE:

50	g	Salz
5	g	weißer Pfeffer, gemahlen
1,5	g	Macis
1,5	g	Zitronenpulver

ZUSÄTZLICH:

100	ml	trockener Weißwein, z. B. Riesling

ZUBEREITUNG:

Den Speck würfeln, anfrieren und durch die 3er Scheibe wolfen.

Das Fleisch ebenfalls würfeln, cuttern und mit dem gewolften Speck vermengen.

Alle Gewürze und den Wein zufügen und alles gründlich vermengen, bis die Masse zu kleben beginnt.

In Schweinedärme Kal. 20–26 füllen und auf ein Gewicht von 80–100 g abdrehen.

SCHLESISCHE WEIHNACHTSBRATWURST

**Zutaten für
2,5 kg Wurst**

FLEISCH:

1	kg	Kalbsschulter
500	g	Schweinerücken
400	g	Rückenspeck

GEWÜRZE:

50	g	Salz
5	g	weißer Pfeffer, gemahlen
3,5	g	Macis
1,5	g	Zitronenpulver
2,5	g	Streuwürze

ZUSÄTZLICH:

600	ml	Milch
30	g	frische Zwiebeln

ZUBEREITUNG:

Das Fleisch und den Speck würfeln.

Den Speck anfrieren und anschließend mit den restlichen Zutaten und dem Fleisch zu einer glatten Masse cuttern.

In 30/32er Schweinedärme füllen, auf ein Gewicht von etwa 150 g abdrehen und brühen.

Langsam und bei schwacher Hitze in viel Butter braten.

SCHWÄBISCHE BRATWURST

Zutaten für 2,5 kg Wurst

FLEISCH:

1	kg	Schweineschulter
1	kg	Schweinebauch

GEWÜRZE:

30	g	Pökelsalz
4	g	weißer Pfeffer, gemahlen
4	g	Majoran, getrocknet
2	g	Macis
2	g	Zitronenpulver

ZUSÄTZLICH:

500	ml	Milch

ZUBEREITUNG:

Das Fleisch und den Speck würfeln.

Den Speck anfrieren und anschließend mit den restlichen Zutaten, der Milch und dem Fleisch zu einer glatten Masse cuttern.

In beliebig große Schweinedärme füllen, auf etwa 12 cm abdrehen und brühen.

WÜRZBURGER ODER WINZERWURST

Zutaten für 2,5 kg Wurst

FLEISCH:

2	kg	Schweineschulter
500	g	Rindernacken

GEWÜRZE:

55	g	Salz
5	g	weißer Pfeffer, gemahlen
1,5	g	Macis
2,5	g	Cumin

ZUSÄTZLICH:

100	ml	Weißwein aus Franken

ZUBEREITUNG:

Das Fleisch durch die 8er Scheibe wolfen.

Alle anderen Zutaten und den Wein zufügen und alles gut vermengen, bis die Masse zu kleben beginnt.

In Saitlinge füllen und auf ein Gewicht von 80–100 g abdrehen.

STEIRISCHE ERDAPFELWURST

**Zutaten für
2,5 kg Wurst**

FLEISCH:

500	**g**	Schweinebauch ohne Schwarte
300	**g**	Rindernacken
300	**g**	Dörrfleisch

GEWÜRZE:

50	**g**	Salz
5	**g**	weißer Pfeffer, gemahlen
2,5	**g**	Muskat
4	**g**	Majoran, getrocknet
4	**g**	Thymian, getrocknet
2	**g**	Bohnenkraut, getrocknet

ZUSÄTZLICH:

400	**g**	Zwiebeln
1	**kg**	Kartoffeln, geschält

ZUBEREITUNG:

Kartoffeln, Fleisch und Zwiebeln durch
die 5er Scheibe wolfen.

Alle anderen Zutaten zufügen und alles gut
vermengen, bis die Masse zu kleben beginnt.

In 30/32er Därme füllen, auf 15 cm
abdrehen und brühen.

BERLINER CURRYWURST

Zutaten für 2,5 kg Wurst

FLEISCH:

1,8	kg	Schweineschulter
500	g	grüner oder Rückenspeck

GEWÜRZE:

50	g	Salz
5	g	weißer Pfeffer, gemahlen
5	g	Currypulver
5	g	Kurkuma
2	g	Cumin

ZUSÄTZLICH:

200	ml	Sahne

ZUBEREITUNG:

Das Fleisch und den Speck würfeln.

Den Speck anfrieren und anschließend mit den restlichen Zutaten, der Sahne und dem Fleisch zu einer glatten Masse cuttern.

In beliebig große Schweinedärme füllen, auf circa 10 cm abdrehen und brühen.

UNGARISCHE BRATWURST

Zutaten für circa 3 kg Wurst

FLEISCH:

2	kg	Schweinenacken
500	g	Bauchspeck ohne Schwarte

GEWÜRZE:

45	g	Salz
6	g	weißer Pfeffer, gemahlen
5	g	Paprikapulver, mittelscharf
5	g	Currypulver

ZUSÄTZLICH:

200	ml	Sahne
3		Eier, angeschlagen

ZUBEREITUNG:

Den Nacken durch die 8er Scheibe und den Speck durch die 5er Scheibe wolfen.

Die restlichen Zutaten und den Eischaum gut mit dem Hackfleisch vermengen und 10 Minuten kneten.

In 28/30er Schweinedärme füllen und Würste von 15 cm Länge abdrehen.

HESSISCHE BRATWURST

**Zutaten für
2,5 kg Wurst**

FLEISCH:

1	**kg**	Schweineschulter
500	**g**	Schweineoberschale
250	**g**	Kalbsbrust
750	**g**	grüner oder Rückenspeck

GEWÜRZE:

55	**g**	Salz
5	**g**	weißer Pfeffer, gemahlen
2	**g**	Macis
2	**g**	Ingwerpulver

ZUBEREITUNG:

Das Fleisch und den Speck würfeln.

Den Speck anfrieren und anschließend mit den restlichen Zutaten und dem Fleisch zu einer mäßig glatten Masse cuttern oder alles durch die 2er Scheibe wolfen.

In dünne Schweinedärme oder Saitlinge füllen und auf ein Gewicht von 80–100 g abdrehen.

Extrawürste
und Exoten

Zur Herstellung einer guten Wurst eignen sich auch Zutaten und Gewürze, die man zunächst gar nicht als „wursttypisch" erachten würde. Wild, Geflügel und Fisch, sogar Krabben lassen sich in Brät verwandeln und in Därme füllen. Sofern man die Grundregeln beachtet, sind der Kreativität also keine Grenzen gesetzt.

WILDSCHWEINBRATWURST

Zutaten für 2,5 kg Wurst

FLEISCH:

1	kg	Wildschweinschulter
1	kg	Wildschweinbauch ohne Schwarte
500	g	Rückenspeck ohne Schwarte vom „normalen" Schwein

GEWÜRZE:

50	g	Salz
6	g	schwarzer Pfeffer, grob gemahlen
4	g	Majoran, getrocknet
4	g	Rosmarin, gemahlen
3	g	Cumin
1,5	g	Macis
2		Knoblauchzehen, durchgedrückt

Da das Wildschwein von Natur aus etwas mager ist, sorgen hier Wildschweinbauch und Rückenspeck für die Saftigkeit.

ZUBEREITUNG:

Das Fleisch und den Speck durch die 5er Scheibe wolfen.

Alle anderen Zutaten zufügen und alles gut vermengen, bis die Masse zu kleben beginnt.

In 28/30er Schweinedärme füllen und etwa 80–100 g schwere Würste abdrehen.

SALSICCIA

**Zutaten für
2,5 kg Wurst**

**Bei der klassisch italienischen Salsiccia
(sprich „Salsitscha") sorgen Fenchel und
Rotwein für den typischen Geschmack.**

FLEISCH:

1,6	**kg**	Schweineschulter
900	**g**	Lardo oder Rückenspeck

GEWÜRZE:

50	**g**	Salz
7	**g**	schwarze Pfefferkörner
5	**g**	Fenchelsaat
5		Gewürznelken
3	**g**	Zimt

ZUSÄTZLICH:

3		Knoblauchzehen, durchgedrückt
1		Chilischote, mittelscharf und fein gehackt
1	**Bund**	Koriandergrün, fein gehackt
250	**ml**	Rotwein

ZUBEREITUNG:

Das Fleisch und den Speck durch die
5er Scheibe wolfen.

Pfefferkörner, Fenchelsaat und Nelken
im Mörser gründlich zerstoßen.

Sämtliche Zutaten gut vermengen,
bis die Masse zu kleben beginnt.

In 28/30er Schweinedärme füllen und
etwa 80–100 g schwere Würste abdrehen.

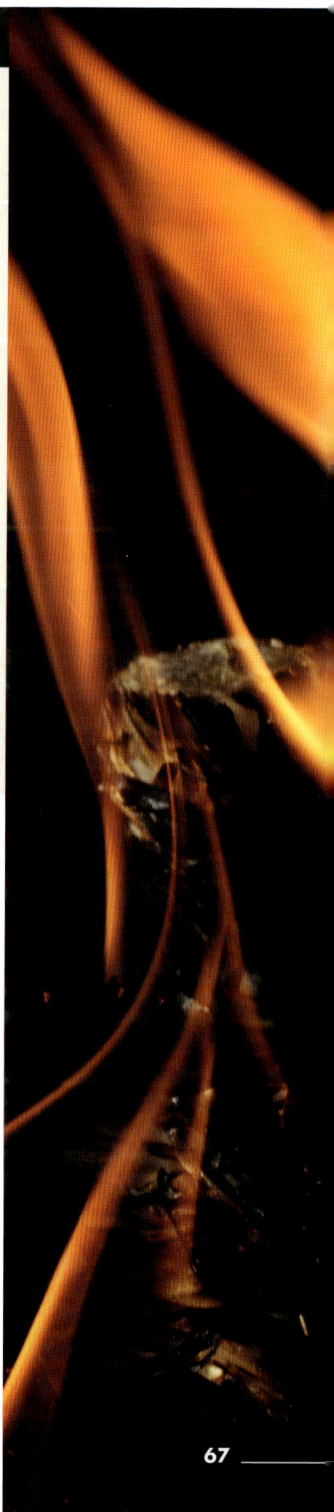

MERGUEZ AUS LAMMFLEISCH

Zutaten für 2,5 kg Wurst

FLEISCH:

2,5	kg	Lammschulter

GEWÜRZE:

50	g	Salz
5	g	schwarzer Pfeffer, gemahlen
3,5	g	Cumin
3	g	Koriander, gemahlen
2,5	g	Zimt
8	g	Harissa
6	g	Paprikapulver
3	g	Knoblauchpulver

ZUSÄTZLICH:

100	ml	Olivenöl

Diese marokkanische Lammwurst erhält ihre rote Farbe durch Harissa und Paprika. Sie sollte sehr dunkel, fast schwarz, gegrillt werden.

ZUBEREITUNG:

Das Fleisch durch die 8er Scheibe wolfen.

Sämtliche Zutaten gut vermengen, bis die Masse zu kleben beginnt. Dabei langsam das Öl zufügen.

Das Brät in Schafsaitlinge füllen und etwa 80–100 g schwere Würste abdrehen.

MERGUEZ AUS RINDFLEISCH

Zutaten für 2,5 kg Wurst

FLEISCH:

2	kg	Rindernacken
500	g	Rinderfett

GEWÜRZE:

50	g	Salz
5	g	schwarzer Pfeffer, gemahlen
10	g	Paprikapulver
3	g	Cayennepfeffer
3	g	Cumin
2	g	Nelkenpulver
4	g	Thymian, getrocknet

ZUSÄTZLICH:

100	ml	Olivenöl

Bei diesem Merguez-Rezept wird das traditionelle Lamm durch Rind ersetzt. Die Würzung ist etwas milder, was dem Geschmack aber keinesfalls schadet. Wer es schärfer mag, gibt etwas mehr Cayennepfeffer zu.

ZUBEREITUNG:

Das Fleisch durch die 8er Scheibe wolfen.

Sämtliche Zutaten gut vermengen, bis die Masse zu kleben beginnt. Dabei langsam das Öl zufügen.

Das Brät in Schafsaitlinge füllen und etwa 80–100 g schwere Würste abdrehen.

HÄHNCHENBRATWURST

Zutaten für etwa 2,5 kg Wurst

Diese Wurstvariante ist kalorienreduziert und lecker, allerdings mit etwas mehr Arbeit verbunden. Die Hähnchenschenkel in diesem Rezept müssen erst ausgelöst werden, denn Brustfilets eignen sich wegen ihres fehlenden Fettes nicht. Weil der Fleischertrag schwanken kann, ist die Menge der Gewürze pro Kilo ausgelöstem Fleisch angegeben.

FLEISCH:

5	kg	Hähnchenschenkel mit Rückenstück

GEWÜRZE PRO KG AUSGELÖSTEM FLEISCH:

22	g	Salz
2,5	g	weißer Pfeffer, gemahlen
1	g	Chilipulver
0,5	g	Macis
0,5	g	Zitronenpulver

ZUBEREITUNG:

Die Haut von den Schenkeln entfernen und das Fleisch auslösen. Das Fett unbedingt mit verwenden, also nicht wegwerfen.

Das Fleisch durch die 3er Scheibe wolfen.

Die Gewürze zugeben und gut mit dem Brät vermengen, bis die Masse zu kleben beginnt.

In Saitlinge oder dünne Schweinedärme füllen und 80 g schwere Würste abdrehen.

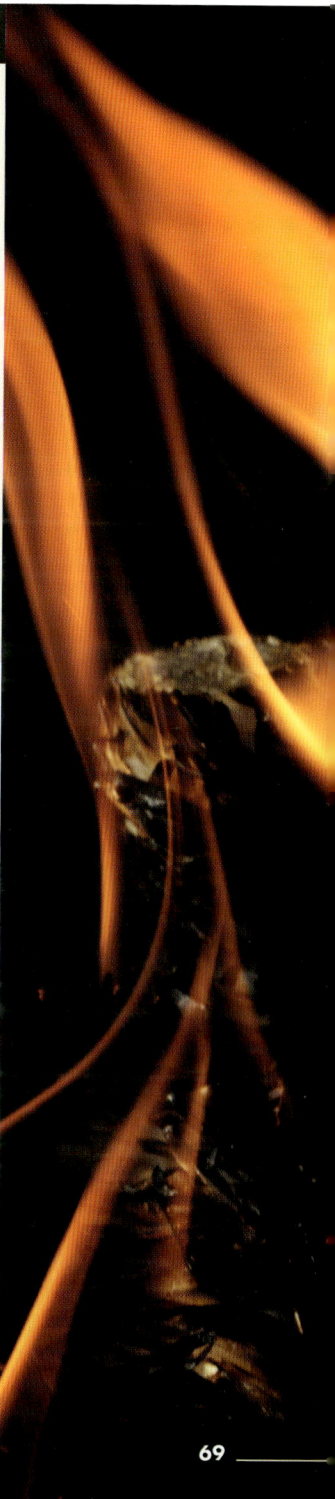

PUTENBRATWURST

Zutaten für 2,5 kg Wurst

FLEISCH:

1,8	kg	Putenbrust
500	g	grüner oder Rückenspeck, geräuchert

GEWÜRZE:

55	g	Salz
5	g	weißer Pfeffer, gemahlen
2	g	Majoran, getrocknet
2	g	Muskat

ZUSÄTZLICH:

200	ml	Milch

Gewürzt wird diese Wurst wie eine „normale" Bratwurst, das Brät wird aber mit Geflügel hergestellt. Der Speck sorgt hier für den richtigen Geschmack.

ZUBEREITUNG:

Das Fleisch und den Speck durch die 3er Scheibe wolfen.

Alle anderen Zutaten zufügen und alles gut vermengen, bis die Masse zu kleben beginnt.

In Saitlinge füllen und etwa 80–100 g schwere Würste abdrehen.

ENTENBRATWURST

Zutaten für etwa 2,5 kg Wurst

FLEISCH:

6	Entenkeulen
4	Entenbrüste

GEWÜRZE:

20	g	Salz
20	g	Pökelsalz
5	g	schwarzer Pfeffer, gemahlen
4	g	Fünf-Gewürze-Pulver
5	g	Majoran, getrocknet
2	g	Macis

Entenbraten mal anders. Die Brusthaut wird nicht abgeschnitten und sorgt in der Wurst zusammen mit dem kernigen Keulenfleisch für den authentischen Entengeschmack.

ZUBEREITUNG:

Die Entenkeulen ausbeinen und zusammen mit den Brüsten durch die 3er Scheibe wolfen.

Alle anderen Zutaten sorgfältig untermischen und solange durchkneten, bis die Masse zu kleben beginnt.

In Saitlinge füllen und zu Würsten von 80–100 g abdrehen.

APFEL-ZWIEBEL-BRATWURST

Zutaten für 2,5 kg Wurst

Apfel harmoniert hervorragend mit Wurst, warum sollte man also nicht auch etwas mit ins Brät geben? Der Calvados verstärkt den Apfelgeschmack noch etwas.

FLEISCH:

1	kg	Schweineschulter
900	g	Putenbrust
600	g	grüner oder Rückenspeck

GEWÜRZE:

50	g	Salz
2,5	g	Cayennepfeffer
2	g	Cumin
1	g	Piment, gemahlen
4	g	Thymian, getrocknet
10	g	Petersilie, fein gehackt
2		mittelgroße Zwiebeln

ZUSÄTZLICH:

100	ml	Calvados
100	g	Äpfel, getrocknet

ZUBEREITUNG:

Die Apfelstücke im Calvados einweichen, inzwischen den Speck würfeln und anfrieren.

Fleisch, Zwiebeln und Apfelstücke durch die 3er Scheibe wolfen.

Die restlichen Zutaten zufügen und alles gut miteinander vermengen, bis die Masse zu kleben beginnt.

In 28/30er Schweinedärme füllen und zu Würsten von 80–100 g abdrehen.

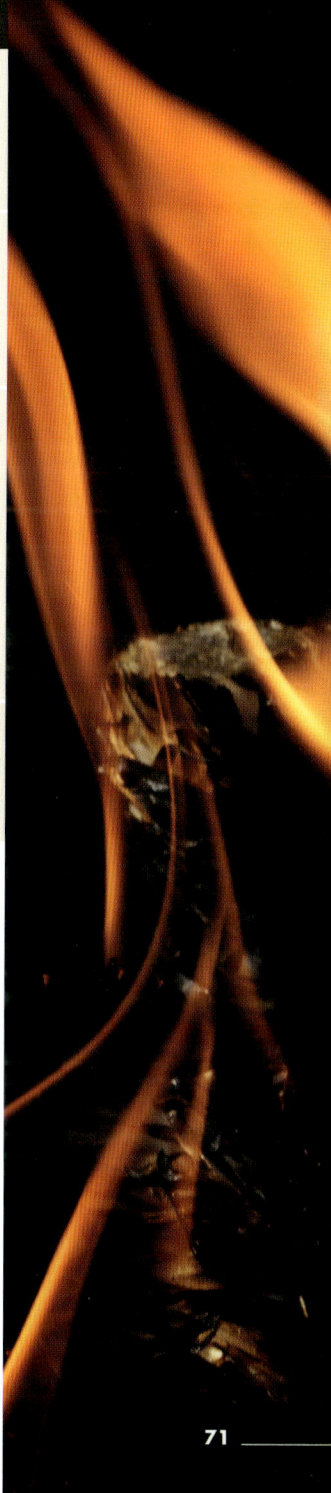

BÄRLAUCHGRILLER

Zutaten für 2,5 kg Wurst

FLEISCH:

1	kg	Schweinenacken
1	kg	Schweinebauch ohne Schwarte
500	g	Rindernacken

GEWÜRZE:

50	g	Salz
10	g	Selleriesalz
7,5	g	weißer Pfeffer, gemahlen
2,5	g	Thymian, getrocknet
25	g	Petersilie, gehackt
25	g	Bärlauch, gehackt
1,5	g	Macis

Das ist unsere „Siegerwurst" in der Kategorie „Bratwurst mit Beilage" bei den deutschen Grill-meisterschaften im Mai 2010 in Gotha/Thüringen. Und da im Mai ja Bärlauchzeit ist ...

ZUBEREITUNG:

Den Rinder- und Schweinenacken durch die 4er Scheibe wolfen.

Den Schweinebauch durch die 2er Scheibe drehen.

Die restlichen Zutaten zufügen und alles gut miteinander vermengen, bis die Masse zu kleben beginnt.

In dünne Schweinedärme oder Schleiß füllen und zu Würsten von 15–20 cm Länge abdrehen.

FORELLENBRATWURST

Zutaten für 2,5 kg Wurst

FISCH:

1,8	kg	Forellenfilets, frisch
500	g	Forellenfilets, geräuchert

GEWÜRZE:

45	g	Salz
5	g	weißer Pfeffer, gemahlen
2,5	g	Zitronenpulver
10	g	Petersilie, fein gehackt
3,5	g	Thymian getrocknet

ZUSÄTZLICH:

200	ml	Sahne

Fisch in der Bratwurst? Warum nicht! Geschmacks-geber sind hier die geräucherten Forellenfilets.

ZUBEREITUNG:

Die frischen Forellenfilets entgräten und durch die 3er Scheibe wolfen.

Mit einer Gabel die Räucherfilets zerkleinern und unter das Forellenhack mischen.

Die Gewürze und die Sahne dazugeben und alles zu einer gleichmäßigen Masse verkneten.

In Saitlinge füllen und zu Würsten von etwa 10 cm Länge abdrehen.

KRABBENBRATWURST

**Zutaten für
2,5 kg Wurst**

Im Jahr 2004 erblickte die erste Krabbenbratwurst in Sankt Peter-Ording das Licht der Welt. Eine Abwandlung des geheimen Originalrezeptes ist dieses hier:

FLEISCH:

1,6	kg	Schweinenacken
300	g	Schweinebauch ohne Schwarte
400	g	Krabben, vorgegart

GEWÜRZE:

50	g	Salz
5	g	weißer Pfeffer, gemahlen
10	g	Kerbel, frisch
5	g	Currypulver
2,5	g	Chilipulver

ZUSÄTZLICH:

200	ml	Milch

ZUBEREITUNG:

Fleisch und Speck zusammen mit den Krabben durch die 3er Scheibe wolfen.

Alle restlichen Gewürze und die Milch untermischen und die Masse gut durchkneten.

In Saitlinge oder dünne Därme füllen und zu Würsten von etwa 10 cm Länge abdrehen.

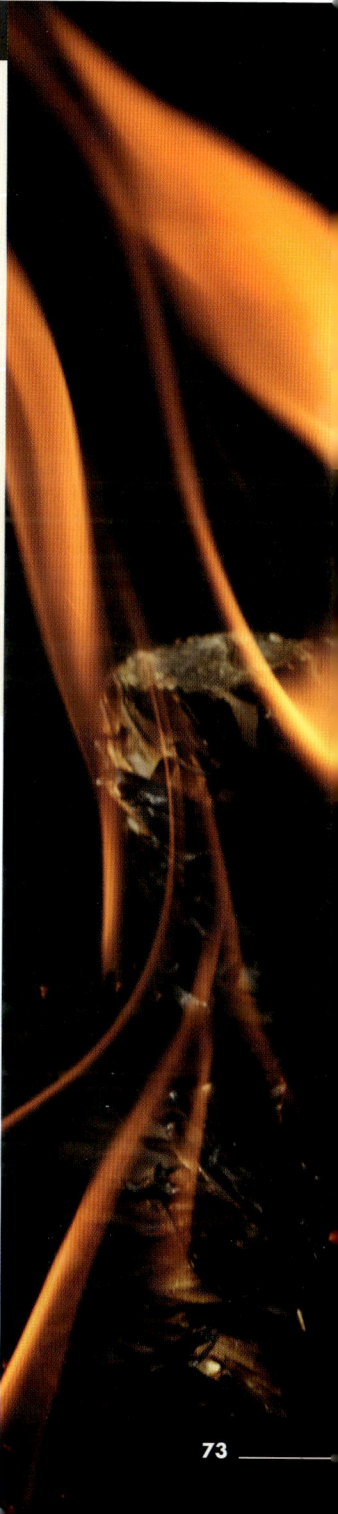

ARGENTINISCHE CHORIZO

Zutaten für 2,5 kg Wurst

FLEISCH:

1,5	kg	Schweineschulter
500	g	Rückenspeck
500	g	Rindernacken

GEWÜRZE:

30	g	Salz
5	g	weißer Pfeffer, gemahlen
6	g	Paprikapulver
4	g	Oregano, getrocknet
1,5	g	Lorbeerpulver

ZUSÄTZLICH:

30	ml	Rotweinessig
200	ml	Rotwein, trocken
2		mittelgroße Zwiebeln, gehackt
4		Knoblauchzehen, durchgedrückt
		Olivenöl

Die bekannte Paprikawurst schmeckt schon als Salami toll, frisch und vom Grill ist sie allerdings noch ein bisschen besser ...

ZUBEREITUNG:

Die Zwiebeln in etwas Öl anschwitzen und abkühlen lassen.

In der Zwischenzeit das Fleisch und den Speck durch die 5er Scheibe wolfen.

Alle restlichen Gewürze, Knoblauch, Wein und Essig untermischen und die Masse gut durchkneten, bis sie klebt.

In 26/28er Schweinedärme füllen und zu Würsten von 10 cm Länge abdrehen.

Rezepte mit Wurst

Ein Würstchen allein ist zwar lecker, aber noch keine Mahlzeit. Während die Scheibe Toast oder das obligatorische Brötchen die typischen Begleiter für den schnellen Wurstimbiss zwischendurch sind, bietet die heimische Küche natürlich viel Spielraum für kreative Rezepte mit Wurst.

WURSTBÄLLCHEN MIT KARTOFFELCHIPS

Für 4 Personen

Da man diese einfachen Zutaten sehr dekorativ anrichten kann, eignet sich dieses Gericht sehr gut als Partysnack. Das Mangoragout gibt einen exotischen Touch.

ZUTATEN:

4		frische grobe Bratwürstchen, z. B. Pfälzer, Rezept Seite 59
1		reife Mango
100	ml	Curryketchup
500	g	Süßkartoffeln
2	EL	Olivenöl
2	EL	Koriandergrün, gehackt
		Curry zum Garnieren
		Pfeffer
		Salz

ZUBEREITUNG:

Die Mango schälen und eine Hälfte des Fruchtfleisches fein würfeln.

Das restliche Fruchtfleisch pürieren und mit Koriander, Mangowürfeln und Ketchup vermischen. Mit Pfeffer und Salz abschmecken.

Die Süßkartoffeln schälen, in dünne Scheiben schneiden und eingeölt auf ein Blech mit Backpapier nebeneinander platzieren.

Bei 200 °C auf der 2. Schiene von unten 15–20 Minuten im Ofen backen.

Inzwischen das Wurstbrät aus den Därmen drücken und kleine Bällchen rollen. Diese in etwas Öl circa 10 Minuten braten, bis sie durchgegart sind.

Die Kartoffelscheiben etwas salzen, mit etwas Mangoragout belegen und je ein Bällchen auflegen. Mit etwas Currypulver bestreuen und warm servieren.

BRATWURST MIT BIERSAUCE

Für 4 Personen

Es muss nicht immer Senf sein, diese Biersauce passt sehr gut zu einer würzigen Bratwurst. Am besten schmecken dazu Bratkartoffeln oder gebratenes Kartoffelpüree.

ZUTATEN:

4		grobe Bratwürste, z. B. Rheinische, Rezept Seite 58
500	ml	Schwarz- oder Malzbier
4		Pfefferkuchen
		Paprikapulver
		Pfeffer
		Salz
		Öl

ZUBEREITUNG:

Die Bratwürste in etwas Öl braten, aus der Pfanne nehmen und warmstellen.

Die Pfefferkuchen in das Bratfett bröseln und mit dem Bier zusammen aufkochen. Solange köcheln, bis sie komplett aufgelöst sind und die Sauce die gewünschte Sämigkeit hat.

Mit Pfeffer, Salz und Paprika abschmecken und mit den Würsten servieren.

SPITZKOHL MIT BRATWURST

Für 4 Personen

Bratwurst mit Sauerkraut ist ja weithin bekannt. Aber auch die Kombination mit Spitzkohl ist sehr lecker. Speck, Kartoffeln und Zwiebeln machen dieses Gericht zu einem kräftigen Winteressen.

ZUTATEN:

4		gebrühte Bratwürste, in 2 cm dicke Scheiben geschnitten
800	g	Spitzkohl, in Streifen geschnitten
500	g	Kartoffeln, gewürfelt
100	g	Speckwürfel
1		Metzgerzwiebel, fein gewürfelt
250	ml	Gemüsefond
200	ml	Sahne
		Pfeffer
		Salz
1	EL	Majoran, getrocknet
		Muskat

ZUBEREITUNG:

Die Bratwurststücke mit den Zwiebelwürfeln und dem Speck anbraten, bis die Zwiebeln Farbe annehmen und dann den Majoran unterrühren.

In eine Auflaufform abwechselnd Kohl, Kartoffeln und Bratwurst schichten und mit Pfeffer, Salz und Muskat würzen.

Mit dem Fond und der Sahne aufgießen und 45 Minuten bei 180 °C im Ofen garen.

BRATWURST IM SCHLAFROCK

Für 4 Personen

Gut versteckt im Blätterteig ist hier die Beilage schon mit dabei. Und weil man die „eingepackte" Wurst so gut aus der Hand essen kann, eignet sich dieses Rezept sehr gut als Partysnack.

ZUTATEN:

10–20		gebrühte Bratwürste, je nach Größe, z. B. Nürnberger, Rezept Seite 56
8	Platten	TK- Blätterteig, aufgetaut
8	Scheiben	Bacon, Serrano oder gekochter Schinken, je nach Geschmack
8	Scheiben	milder Cheddar
1		Eigelb

ZUBEREITUNG:

Den Blätterteig etwas ausrollen.

Die Würste in je eine Scheibe Schinken und Käse einrollen und auf den Blätterteig legen.

In den Teig einschlagen und die Enden mit einer Gabel etwas andrücken. Vorher die Klebestellen etwas anfeuchten.

Die Rollen auf Backpapier bei ca. 180 °C etwa 25 Minuten backen.

Nach Geschmack warm oder abgekühlt servieren.

BELGISCHE WURSTPUFFER-SANDWICHES

Für 4 Puffer

Diese Kartoffelpuffer mit einer Füllung aus Wurstbrät und Apfelmus klingen typisch deutsch, wurden aber von einem Belgier namens Bart Mus erfunden. Das kann kein Zufall sein ...

ZUTATEN:

2		grobe Bratwürste, z. B. Thüringer, Rezept Seite 55
12		mittelgroße Kartoffeln, geschält
3		mittelgroße Zwiebeln, fein gewürfelt
4	EL	Mehl
2		Eier
8	EL	Apfelmus
		Pfeffer
		Salz
		Öl

ZUBEREITUNG:

Die Kartoffeln reiben, pfeffern und salzen.

Zwiebeln, Eier und Mehl dazugeben und alles gut vermengen. Sollte die Masse zu flüssig werden, noch etwas Mehl hinzugeben.

Acht gleich große Puffer in viel Öl auf einer Seite backen und aus der Pfanne nehmen.

Das Brät aus den Würsten drücken und daraus vier Scheiben in Größe der Puffer formen. Diese in der heißen Pfanne von beiden Seiten kurz anbraten.

Je einen Puffer mit der ungebratenen Seite nach unten mit Apfelmus bestreichen und mit einer Brätscheibe belegen. Jetzt einen zweiten Puffer mit der rohen Seite nach oben auflegen.

Die Wurstpuffer vorsichtig in die Pfanne legen und beide Außenseiten fertig braten.

APFEL-BRATWURST-BROT

Für 4 Personen

Dieses Gericht erinnert an einen Schmandkuchen, wird aber mit Bratwurst zubereitet. Auch hier sorgt die Kombination aus Apfel und Wurst für einen außergewöhnlichen Geschmack.

ZUTATEN:

4		gebrühte Bratwürste, in Stücke geschnitten
500	g	Brotteig, gibt's beim Bäcker oder als Backmischung
500	g	Quark
200	g	Schmand
5		Eier
3	EL	Zucker
4		Äpfel, am besten Braeburn oder Boskoop, in Spalten geschnitten

ZUBEREITUNG:

Den Brotteig auf 5 mm ausrollen und auf ein Blech mit Backpapier legen. Etwa 1 Stunde abgedeckt gehen lassen.

Die Eier mit dem Zucker anschlagen, Schmand und Quark untermischen und eine glatte Masse herstellen. Diese dann gleichmäßig dick auf dem Brotteig verteilen.

Die Apfelspalten und die Wurststücke in die Quarkmasse legen und circa 40 Minuten bei 180 °C backen.

Nach Belieben warm oder abgekühlt servieren.

GEFÜLLTE BRATWURST

Für 4 Personen

Zum Füllen eignen sich am besten gebrühte Würste, die ungefähr 3 cm dick sein sollten. Durch Crème fraîche und Käse werden diese Würste sehr saftig und der Bacon hilft, die Wurst zusammenzuhalten.

ZUTATEN:

4		dicke, gebrühte Bratwürste
1		mittelgroße Zwiebel, fein gewürfelt
2	EL	Butter
2	EL	Petersilie, gehackt
2	EL	Schnittlauch, in Röllchen geschnitten
2	EL	Crème fraîche
100	g	Bergkäse, gerieben
8	Scheiben	Bacon
		Pfeffer
		Salz

ZUBEREITUNG:

In jede Wurst auf der Innenseite eine Tasche schneiden, dabei muss man aufpassen, die Wurst nicht durchzuschneiden. Sie soll an der Außenseite und an den Enden unversehrt bleiben.

Die Zwiebelwürfel in der Butter leicht bräunen und abkühlen lassen.

Kräuter, Crème fraîche und Käse mit den Zwiebeln mischen, in die Würste füllen und mit je 2 Scheiben Bacon einwickeln und mit Zahnstochern fixieren.

Auf der Außenseite stehend etwa 15 Minuten im Backofen garen oder indirekt grillen, bis der Bacon knusprig ist. Der verwendete Grill muss unbedingt über einen Deckel verfügen.

BRATWURSTSTRUDEL

Für 4 Personen

Gut verpackt im Strudelteig macht diese Wurstspezialität eine gute Figur. Sie ist durch das Brät innen würzig, der Kohl macht sie saftig und der Strudelteig gibt ihr eine knusprige Hülle.

ZUTATEN:

4	**Lagen**	Strudelblätter
4		gebrühte Würste nach Geschmack
2		mittelgroße Zwiebeln, fein gewürfelt
¼		Weißkohl, in feine Streifen geschnitten
2		Knoblauchzehen, fein gehackt
125	ml	Sahne
2		Eier, verquirlt
150	g	Emmentaler, gerieben
		Pfeffer & Salz
¼	TL	Cumin
		Butterschmalz zum Braten der Würste
5	EL	Butter, zerlassen
		Semmelbrösel

ZUBEREITUNG:

Die Bratwürste im Butterschmalz braten und abkühlen lassen, das Fett danach in der Pfanne belassen.

Im Bratwurstfett die Zwiebeln und den Knoblauch weichdünsten, den Kohl dazugeben und 10 Minuten weiterdünsten. Anschließend abkühlen lassen.

Die Wurst in dünne Scheiben schneiden, mit Kohl, Sahne, Eiern, Käse und Gewürzen vermengen und abschmecken. Wenn die Masse zu dünn ist, kann man sie jetzt mit etwas Semmelbröseln binden.

Die Strudelblätter aufeinanderlegen, dabei jedes Blatt mit flüssiger Butter einstreichen.

Die Masse auf den Teig geben und einrollen, dabei die Ränder freilassen und mit Butter einpinseln. Dann den Strudel gleichmäßig dick einrollen und mit dem Rest der Butter bestreichen.

Bei 180–200 °C etwa 35 Minuten im Ofen backen.

PAPRIKAPFANNE MIT NÜRNBERGER ROSTBRATWÜRSTL

Für 4 Personen

Hier ist die Wurst nur der Nebendarsteller in der Pfanne. Es eignen sich am besten feine, gebrühte Würstchen wie die Nürnberger von Seite 56.

ZUTATEN:

12		Nürnberger Rostbratwürstl, Rezept Seite 56
Je eine		gelbe, grüne und rote Paprika, entkernt und gewürfelt
200	g	Reis
2	Stangen	Porree, in Ringe geschnitten
2	EL	Paprikapulver
200	ml	Gemüsefond
100	ml	Crème fraîche
		Pfeffer
		Salz
		Öl

ZUBEREITUNG:

Den Reis nach Packungsanweisung kochen und beiseite stellen.

Die Würstchen grillen oder braten und gleichzeitig in einer großen Pfanne Paprika und Lauch mit etwas Öl solange braten, bis alles weich ist. Salzen und pfeffern und das Paprikapulver einrühren.

Den Gemüsefond angießen und aufkochen.

Reis und Nürnberger dazugeben und alles noch mal gut durchwärmen.

Mit einem Klecks Crème fraîche garnieren und servieren.

GEFLÜGELWÜRSTCHEN MIT ROSENKOHL

Für 4 Personen

**Die Geflügelbratwurst und der Rosenkohl geben
zusammen ein leichtes, gut bekömmliches Gericht.**

ZUTATEN:

4		Geflügelbratwürste, Rezept Seite 70
800	g	mehlig kochende Kartoffeln, geschält
800	g	Rosenkohl, gewaschen und abgetropft
2		Fleischtomaten
3	EL	Petersilie, gehackt
200	ml	Milch, warm
4	EL	Butter
		Pfeffer
		Salz
		Muskat
		Öl

ZUBEREITUNG:

Von den Rosenkohlröschen 2–3 schöne Blätter ab-
zupfen und beiseite stellen, die übrig gebliebenen
Röschen halbieren.

Die Kartoffeln in Größe der halben Röschen schneiden
und zusammen mit dem Rosenkohl 15 Minuten in aus-
reichend Salzwasser bei mäßiger Hitze kochen.

Inzwischen die Tomaten entkernen, das Fruchtfleisch
fein würfeln und die Milch erwärmen.

Die Bratwürste je nach Dicke 6–10 Minuten braten
oder grillen.

Rosenkohl und Kartoffeln abgießen, das Wasser dabei
auffangen und wieder auf den Herd stellen. Milch und
Butter zu den Kartoffeln geben und alles gut stampfen.
Beim Stampfen mit Muskat, Salz, Pfeffer und 2 EL der
Petersilie würzen.

Die Rosenkohlblätter in dem kochenden Kartoffelwasser
circa 1 Minute kochen und anschließend abschrecken.

Das Püree beim Anrichten mit Rosenkohlblättchen,
Tomatenwürfeln und der restlichen Petersilie bestreuen
und zusammen mit den Würsten servieren.

BRATWURSTKUCHEN

Für 4–6 Personen

Sahne und Kaffee passen nicht unbedingt zu diesem herzhaften Kuchen, dafür umso besser ein kühles Bier. Die Wurst hierzu ist frisch und am Stück, also nicht einzeln abgedreht.

ZUTATEN:

500–600	g	Bratwust, nicht abgedreht
125	g	Butter
250	g	Mehl
4		Eier
150	g	Crème fraîche
1	Topf	Schnittlauch, in Röllchen geschnitten
4	EL	grober Dijonsenf
½	TL	Cumin
		Pfeffer
		Salz

ZUBEREITUNG:

Für den Teig das Mehl mit 1 TL Salz vermengen.

Die Butter zerlassen, etwas abkühlen lassen und mit einem Ei schaumig schlagen. Zu der Mehlmischung geben und zu einem glatten Teig verarbeiten. Den Teig zu einer Kugel formen und in Klarsichtfolie gewickelt etwa 1 Stunde kalt stellen.

Inzwischen die restlichen Eier anschlagen und dabei Senf, Schnittlauch und Crème fraîche dazugeben. Mit Cumin, Salz und Pfeffer abschmecken.

Den Teig aus dem Kühlschrank nehmen und ausrollen. Eine gefettete Springform damit auslegen. Dabei einen Rand von circa 1–2 cm stehen lassen und mehrfach einstechen.

Die Wurst schneckenförmig auf den Teigboden kringeln und mit der Eiermischung übergießen.

Im Backofen 40–50 Minuten bei 180 °C backen.

In Tortenstücke schneiden und sofort servieren.

LAUCHKUCHEN MIT BRATWURST

Für 4 Personen

Diese Lauchtorte macht auf jeder Party immer eine gute Figur. Die Größe kann man entsprechend der Anzahl der Gäste leicht anpassen.

ZUTATEN:

4		gebrühte Bratwürste, in 1 cm lange Stücke geschnitten
350	ml	Gemüsefond
1		rote Paprika
5	EL	Butter
3	EL	Mehl
100	g	geriebener Emmentaler
		Pfeffer
		Salz

ZUBEREITUNG:

Den Lauch in Ringe und die Paprikaschote in kleine Würfel schneiden und zusammen im Gemüsefond etwa 10 Minuten garen. Danach abgießen und den Fond auffangen.

In einem Topf die Butter schmelzen und das Mehl einrühren. Gemüsefond nach und nach dazugeben und zu einer Sauce reduzieren. Vom Herd nehmen und den Käse einrühren.

Gemüse, Sauce und Wurst in mehreren Schichten in eine Auflaufform füllen, dabei kräftig pfeffern und salzen und bei 200 °C circa 25 Minuten backen.

GEFÜLLTE MINIPAPRIKA

Für 4 Personen

Minipaprika sind ebenso mild wie ihre großen Geschwister, wer mutig genug ist, kann hier natürlich auch die schärfere Variante wählen und stattdessen Jalapeños füllen.

ZUTATEN:

4		grobe Bratwürste nach Geschmack
12		Minipaprikas
125	g	Mozzarella
1		Ei, getrennt
2	EL	Kräuter der Provence
		Pfeffer
		Salz

ZUBEREITUNG:

Die Stiele aus den Paprikaschoten herausschneiden und komplett aushöhlen. Dabei alle Kerne entfernen.

Den Mozzarella sehr fein würfeln und mit den Kräutern und dem Eigelb gut vermengen. Das Eiweiß steif schlagen und unterziehen.

Das Brät aus dem Darm drücken, je etwa 1 EL in die Paprika füllen und mit der Eimasse bedecken.

Bei circa 200 °C etwa 15 Minuten backen, bis die Paprika weich sind und der Käse schön braun ist.

APFEL-BOHNEN-BRATWURST

Für 4 Personen

Die Säure des Apfels passt sehr gut zur Wurst. Am besten schmeckt zu diesem Rezept eine Fränkische oder ähnlich würzige Bratwurst. Wer eine ganz intensive Apfelnote mag, nimmt unsere Apfelbratwurst von Seite 71.

ZUTATEN:

4		Bratwürste nach Geschmack
2	**Dosen**	weiße Bohnen, 425 g Eigengewicht, abgetropft
2		Äpfel, z. B. Braeburn, entkernt und in Scheiben geschnitten
2		mittelgroße Zwiebeln, gehackt
2		Knoblauchzehen, gehackt
4	**EL**	Butter
300	**ml**	Gemüsefond
2	**Zweige**	frischer Rosmarin
		Öl
		Pfeffer
		Salz
		Zucker
		Zitronensaft

ZUBEREITUNG:

Zwiebel und Knoblauch in etwas Öl 5 Minuten dünsten.

Die Bohnen dazugeben, den Fond angießen und mit Salz, Pfeffer und einem Spritzer Zitronensaft circa 10 Minuten bei mäßiger Hitze kochen.

Die Apfelscheiben zusammen mit den Rosmarinzweigen in der Butter braten, dabei mit etwas Zucker bestreuen und karamellisieren. Gleichzeitig die Würste braten oder grillen.

Die Bohnen pürieren und mit Apfelscheiben und Wurst servieren.

PASTA MIT SALSICCIA

Für 4 Portionen

Einfacher geht's kaum. Schnell und mit wenig Aufwand hat man hier etwas authentisch Italienisches gezaubert.

ZUTATEN:

5		Salsicce, Rezept Seite 67
500	g	Pasta, z. B. Tagliatelle
3		mittelgroße Zwiebeln, fein gewürfelt
3		Knoblauchzehen, fein gehackt
100	g	Pinienkerne
300	ml	Weißwein
100	ml	Gemüsefond
		Pfeffer
		Salz
1	EL	Oregano, getrocknet
		Muskat
		Olivenöl
2	EL	Butter

ZUBEREITUNG:

Das Wurstbrät aus den Därmen drücken und zu kleinen Kugeln rollen. Olivenöl und Butter heiß werden lassen und die Wurstkugeln bei mittlerer Hitze rundherum braten.

Zwiebeln, Pinienkerne und Knoblauch dazugeben und weiterbraten, bis die Zwiebeln weich sind und Farbe angenommen haben.

Wein und Fond dazugeben und alles etwa 40 Minuten offen zu einer dicklichen Sauce köcheln lassen.

Die Pasta nach Packungsanweisung kochen, die Sauce darüber geben und heiß servieren.

TAGLIATELLE MIT GORGONZOLASAUCE UND BRATWURSTKUGELN

Für 4 Personen

Zum würzigen Gorgonzola passt am besten eine leichte und nicht zu salzige Wurst und ein guter Schluck Weißwein. Als Pasta eignen sich auch Farfalle oder Gnocchi hervorragend.

ZUTATEN:

500	**g**	Tagliatelle
4–5		milde, frische Bratwürste
100	**g**	Gorgonzola
150	**g**	Mascarpone
etwas		Sahne
200	**g**	Pfifferlinge oder Waldpilze
		Pfeffer

ZUBEREITUNG:

Das Brät aus dem Darm drücken und zu kleinen Kugeln formen. In etwas Öl rundherum bräunen, aus dem Fett nehmen und warmstellen.

Die Pilze im Bratfett anbraten und zusammenfallen lassen, pfeffern und salzen.

In einer zweiten Pfanne Gorgonzola und Mascarpone zusammen schmelzen und eventuell etwas Sahne zugeben, um die Konsistenz der Sauce zu verbessern. Die Pasta al dente kochen.

Die Pasta abtropfen, Bratwurstkugeln und Pilze dazugeben und alles mit der Sauce vermischen.

KRINGELBURGER

Für 4 Burger

Wurst im Brötchen mal anders. Man bekommt hier Cheeseburger und Bratwurst in einem, was will man mehr.

ZUTATEN:

4		relativ dünne, circa 25 cm lange, rohe Bratwürste
8	Scheiben	Camembert
100	g	Rucola oder gemischter Salat, gewaschen
1		mittlere rote Zwiebel, in Ringen
2		Gewürzgurken, in Scheiben geschnitten
		Dijonsenf
		Gewürzketchup
4		Burgerbrötchen oder normale Brötchen

ZUBEREITUNG:

Die Würste zu einer Schnecke einrollen und mit einem entsprechend langen Holzspieß sichern. Ohne Spieß halten sie beim Braten nicht die runde Form.

Die Wurstschnecken braten oder grillen.

Währenddessen Senf, Ketchup und Salat auf die untere Brötchenhälfte geben.

Wenn die Schnecken fertig sind, den Spieß entfernen und die Wurst auf den Salat legen.

Mit Zwiebelringen, Gurkenscheiben und Käse belegen und die obere Hälfte aufsetzen.

KRAUTWURSTSEMMEL

Für 4 Personen

Sauerkraut ist eine der klassischen Beilagen zum Bratwürstchen, hier kommt auch noch ein Brötchen dazu. Etwas Harissa sorgt für den richtigen Pepp und das Brötchen nimmt den Saft auf.

ZUTATEN:

4		Bratwürste nach Geschmack zu je 150 g
4		Brötchen
300	g	Sauerkraut, verzehrfertig
150	g	Crème fraîche
150	g	Schlagsahne
2	EL	Harissapaste
1	EL	Zucker
2	EL	Butter
		Pfeffer
		Salz
		Öl

ZUBEREITUNG:

Zucker schmelzen und etwas karamellisieren, dann die Butter dazugeben und zerlassen.

Das Sauerkraut zugeben und 5 Minuten in der Karamellbutter dünsten, mit Harissa, Sahne und Crème fraîche verrühren, abschmecken und 15 Minuten offen leise köcheln lassen.

Inzwischen die Würste braten oder grillen und die Brötchen einschneiden.

Kraut und je eine Wurst in die Brötchen geben und servieren.

PUTTES

Für 4–6 Personen

Er gehört zum Rheinland wie der Fluss, der der Region ihren Namen gibt: Der Puttes oder auch Kesselskooche (Kesselkuchen). Es gibt einige Varianten und Zubereitungsarten, hier steht natürlich die mit Bratwurst.

ZUTATEN:

2	kg	Kartoffeln, geschält
2		dicke Zwiebeln
2		Eier
4–6		Bratwürste,
		z. B. Rheinische, Rezept Seite 58
125	g	Speckwürfel
		Pfeffer
		Salz
		Muskat
Ca. 4 EL		Öl

ZUBEREITUNG:

Die Kartoffeln zusammen mit den Zwiebeln fein reiben.

Eier und Speckwürfel untermischen und mit Pfeffer, Salz und Muskat abschmecken.

Eine entsprechend große Auflaufform etwa 1 cm hoch mit der Masse füllen und die Würste darauf legen.

Mit der restlichen Masse auffüllen und die Würste so bedecken.

Mit etwas Öl übergießen und 45–60 Minuten bei 200 °C backen.

WURST-BROT-SPIESSE

Für 4 Spieße

Einmal so und einmal so. Bei einem der Spieße schlängelt sich die Wurst ums Brot, beim anderen das Brot um die Wurst.

ZUTATEN:

4	gebrühte Bratwürste, z. B. Geflügelbratwürste, Rezept Seite 70
1	Kastenweißbrot
1 EL	Kräuter der Provence
	Pfeffer
	Salz
	Olivenöl
	Schaschlikspieße

ZUBEREITUNG:

2 Würste quer in 2 cm lange Stücke und 2 Würste der Länge nach in 3–4 mm dicke Streifen schneiden.

Die Kruste vom Kastenweißbrot entfernen und der Länge nach in 2 cm dicke Scheiben schneiden.

2 Scheiben in 2 cm große Würfel schneiden und 2 Scheiben in 4–5 mm dicke Streifen.

Für die erste Spießvariante die Wurststücke und die Weißbrotstreifen verwenden, der Brotstreifen soll sich um die Wurst schlängeln, für die zweite Variante genau umgekehrt verfahren.

Kräuter, Pfeffer, Salz und Olivenöl gut miteinander mischen und die Spieße damit einpinseln.

Im Backofen bei 160 °C circa 15 Minuten backen, bis das Brot knusprig ist.

BLAUE ZIPFEL

Für 4 Personen

Der Name blaue oder saure Zipfel kommt vom Wein und Essig, in dem die Würste gebrüht werden. Fränkische oder Thüringer passen hier sehr gut.

ZUTATEN:

4		Fränkische Bratwürste, ca. 180 g, Rezept Seite 57
4		mittelgroße Zwiebeln, in Streifen geschnitten
2		Möhren, in dünne Scheiben geschnitten
1	EL	Senfkörner
1	EL	schwarze Pfefferkörner
10		Wacholderbeeren
100	ml	Weißweinessig
200	ml	Frankenwein
2		Nelken
3		Lorbeerblätter
		Salz
		Zucker
750	ml	Wasser
2	EL	Petersilie, gehackt zum Garnieren

ZUBEREITUNG:

Pfeffer- und Senfkörner zusammen mit den Wacholderbeeren im Mörser etwas andrücken und beiseite stellen.

Wasser, Wein und Essig zusammen aufkochen, alle anderen Zutaten bis auf Wurst und Petersilie dazugeben und weitere 10 Minuten köcheln lassen.

Die Würste in das heiße Wasser geben und 10–15 Minuten darin ziehen lassen.

Zum Anrichten die Würste aus dem Sud holen, mit etwas Petersilie bestreuen und mit Brot und Senf servieren.

BRATWURSTKLOSS

Für 4 Personen

Ein Kloß, wie ihn kaum jemand kennt. Denn hier werden nicht viele kleine Klöße geformt, sondern ein großer. Und noch dazu wird dieser eine Kloß nicht im Wasser gekocht, sondern in der Auflaufform gebacken. Nach Geschmack kann man zusätzlich Gemüsestückchen, z. B. von Tomate oder Zucchini, untermischen.

ZUTATEN:

4–5		grobe Bratwürste
750	g	Kloßteig
1		Metzgerzwiebel, fein gewürfelt
2		Knoblauchzehen, fein gehackt
2		Eier
2	EL	frischer Thymian, fein gehackt
2	EL	frisches Rosmarin, fein gehackt
1	EL	Curry
½	TL	Chilipulver
200	g	schnittfester Mozzarella, gerieben
		Pfeffer
		Salz

ZUBEREITUNG:

Sämtliche Zutaten bis auf die Hälfte des Mozzarellas und die Wurst miteinander vermengen, gründlich durchmischen und kräftig abschmecken.

Eine Auflaufform einfetten und die Hälfte des Kloßteiges in die Form streichen.

Das Brät aus dem Darm drücken, zu Kugeln formen und diese auf dem Teig verteilen. Mit der anderen Hälfte des Teiges bedecken.

Die Form mit Alufolie abdecken und bei 180 °C 30 Minuten lang backen. Dann aufdecken, den restlichen Mozzarella darüber streuen und 15 Minuten überbacken.

BRATWURST MIT SPITZKOHL

Für 4 Personen

ZUTATEN:

300	g	Spitzkohl, in Streifen geschnitten
3		Möhren, in feine Streifen geschnitten (Julienne)
4		Bratwürste, z. B. Rheinische, Rezept Seite 58
1	EL	Butterschmalz
1		mittelgroße Zwiebel, fein gewürfelt
300	ml	Gemüsefond
3	EL	Crème fraîche
2	EL	grober Dijonsenf
		Pfeffer
		Salz
		Zucker

ZUBEREITUNG:

Die Wurst in Butterschmalz braten und anschließend aus der Pfanne nehmen. Das Fett aufbewahren.

Den Spitzkohl zusammen mit den Möhrenstreifen in kochendem Salzwasser 3 Minuten garen und kalt abschrecken.

Die Zwiebel im Wurstfett andünsten, Kohl und Möhren dazugeben und heiß werden lassen.

Mit dem Fond ablöschen, Crème fraîche und Senf einrühren und mit den Gewürzen abschmecken.

Die Würste wieder in die Pfanne geben, erwärmen und in der Pfanne servieren.

MERGUEZ MIT TOMATENPOLENTA

Für 4 Personen

Die Polenta ist bestens dazu geeignet, den Saft aus den Würsten aufzusaugen. Für die nötige Frische sorgen hier Tomaten und Basilikum.

ZUTATEN:

4		Merguez, Rezept Seite 68
150	g	Polenta
800	ml	Gemüsefond
200	ml	trockener Riesling
3	EL	Butter
4		Strauchtomaten
8		Cherrytomaten, geviertelt
½	Topf	Basilikum, in feine Streifen geschnitten
50	g	Parmesan, gehobelt
50	g	Parmesan, gerieben
		Pfeffer
		Salz
		Olivenöl

ZUBEREITUNG:

Den Fond zusammen mit dem Wein, der Butter und 2 EL Olivenöl aufkochen. Inzwischen die Strauchtomaten entkernen und in kleine Würfel schneiden.

Den Polentagrieß einrühren und nochmals aufkochen. Dann die Tomatenwürfel dazugeben, salzen und offen 15 Minuten bei mäßiger Hitze quellen lassen.

Die Würste braten oder – bei einer Merguez eigentlich Pflicht – grillen.

Den geriebenen Parmesan unter die Polenta mischen und abschmecken.

Polenta und Merguez anrichten und mit den Cherrytomaten, dem gehobelten Parmesan und den Basilikumstreifen garnieren.

WURSTSCHASCHLIK

Für 4 Personen

Diese Spieße sind zwar nicht in Schaschliksauce gegart, dafür aber mit Gemüse gespickt und kommen vom Grill. Sie lassen sich gut vorbereiten, und sind auf jeder Grillparty ein abwechslungsreicher Farbklecks.

ZUTATEN:

4		gebrühte Bratwürste nach Geschmack
2		mittelgroße rote Zwiebeln, geachtelt
1		gelbe Paprika, in 3 cm große Stücke geschnitten
1		Zucchini, in 2 cm dicke Scheiben geschnitten
8		kleine Kartoffeln, geschält und gekocht
8	Scheiben	Bacon
		Öl
		Pfeffer
		Salz
		Spieße

ZUBEREITUNG:

Die Bratwürste in 2 cm dicke Scheiben schneiden.

Die Kartoffeln mit je einer Scheibe Bacon umwickeln.

Alles abwechselnd auf entsprechend lange Spieße stecken und mit etwas Öl einpinseln.

Von allen Seiten gleichmäßig grillen, bis das Gemüse gar und der Speck knusprig ist.

SCHMORGURKENSUPPE MIT BRATWURSTEINLAGE

Für 4 Personen

Die frischen Gurken harmonieren toll mit der Würze der Bratwurst. Verwendet man gebrühte Würste, werden diese in Scheiben geschnitten, bei frischen Würsten drückt man das Brät aus dem Darm und formt es zu Bällchen.

ZUTATEN:

4–5		Bratwürste
2		Schlangengurken
150	g	Crème fraîche
2	EL	grober Dijonsenf
Ca. 1	l	Gemüsefond
3	EL	Schnittlauch, in Röllchen geschnitten
		Pfeffer
		Salz
		Öl

ZUBEREITUNG:

Die Gurken schälen, der Länge nach halbieren, entkernen und würfeln. Beiseite stellen.

Die Bratwurststücke oder -bällchen in einem Topf mit etwas Öl anbraten, bis sie schön gebräunt sind, dann herausnehmen.

Im heißen Wurstfett die Gurkenwürfel etwa 5 Minuten bei milder Hitze anbraten und mit Pfeffer und Salz abschmecken.

So viel Fond angießen, dass die Gurkenstücke gut bedeckt sind und dann den Senf einrühren. Etwa 10 Minuten simmern, bis die Gurken weich sind.

Die Wurst dazugeben und alles noch einmal kurz erhitzen, dabei die Crème fraîche unterrühren.

Heiß servieren.

WURSTREZEPTE VON A–Z
REZEPTE MIT WURST
GLOSSAR
NÜTZLICHE ADRESSEN
ÜBER DEN AUTOR

Anhang

WURSTREZEPTE VON A–Z

REZEPTE MIT WURST

GLOSSAR

5-Gewürze-Pulver **Asiatische Mischung aus Sternanis, Szechuanpfeffer, Zimt, Fenchelsaat und Nelken**

Bindigkeit **Das Aufbrechen der Eiweißketten macht das Brät zäh und klebrig, es bindet ab und wird fest**

Brät **Die eigentliche Füllung der Wurst, sie gibt der Bratwurst ihren Namen**

Calvados **Apfelbrand aus der Normandie**

Cumin **Gemahlener Kreuzkümmel**

Cutter oder Kutter **Maschine zum feinen Zerkleinern von Lebensmitteln**

Gewürznester **Ungleichmäßige Verteilung von Gewürzen im Brät**

Hank **Amerikanische Maßeinheit für 100 Yards Darm (91,4 Meter)**

Harissa **Gewürzpaste oder -pulver aus Marokko**

Kaliber **Maßeinheit für die Dicke von Därmen**

GLOSSAR

Kernthermometer	**Elektronisches Thermometer mit Fühlersonde zum Messen der Temperaturen im Inneren des Gargutes**
Korianderpulver	**Gemahlene Samenkörner vom Koriander**
Macis	**Gemahlene Muskatblüte**
Pökelsalz	**Mischung aus Kochsalz und Natriumnitrat, Natriumnitrit oder Kaliumnitrat zum Haltbarmachen und Umröten**
Rücken- oder grüner Speck	**Schierer, weißer Speck ohne Fleischanteil**
Saitling	**Schafsdarm, dünn und sehr zart**
Schleiß	**Fetthaut zum Schutz des Darmes**
Schlesinger	**Kleiner Teigschaber ohne Griff**
Schwarte	**Schweinehaut, die vor dem Wolfen entfernt werden muss**
Zitronenpulver	**Getrocknete und gemahlene Zitronenschale**

NÜTZLICHE ADRESSEN RUND UMS WURSTEN

**Därme und Gewürze,
einfach und schnell per Post:** www.hausschlachtebedarf.de

Wurstfüller und Messer: www.dick.de

Cutter: www.sirman.com

**Rezeptdatenbank und alles
rund ums Grillen:** www.grillsportverein.de

Grills und Grillzubehör: www.weber.com

Feinwaagen: www.digitalwaagen-shop.de

**... und am Ende noch die
Homepage des Autors:** www.teds-bbq.de

ÜBER DEN AUTOR

Karsten „Ted" Aschenbrandt wurde 1971 in Bonn geboren und ist dem Rheinland bis heute treu geblieben. Die Begeisterung für Lebensmittel hat ihm seine Familie quasi in die Wiege gelegt. Deren Verarbeitung führte ihn in der ersten Etappe unweigerlich zum Kochen und die Liebe zu gutem Fleisch danach endlich zum Grillen.

Mittlerweile hat Ted Aschenbrandt das Grillen zum Beruf gemacht, konzipiert und leitet Grill- und BBQ-Seminare für verschiedene Hersteller und Fachhändler. In den etwas kälteren Monaten stehen Produkttests, Publikationen für diverse (Grill)Medien und Händlerschulungen auf dem Kalender. Caterings und Messearbeit runden das Programm über das ganze Jahr hinweg ab.

Seit 5 Jahren nimmt Ted Aschenbrandt erfolgreich an den Meisterschaften der World BBQ Association WBQA teil und konnte mit seinem Team schon einige Siege einfahren.

Teds Bücher und Rezepte folgen immer dem Prinzip „keep it simple" und sollen für jeden Leser und Hobbykoch leicht zu verstehen und nachzumachen sein. Die Rezepte nehmen es nicht übel, wenn man sie leicht nach persönlichen Vorlieben variiert, denn sie eignen sich beinahe ausnahmslos zum Experimentieren. Und schiefgehen kann (fast) nichts.

Ran ans Fleisch!

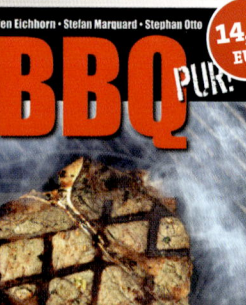
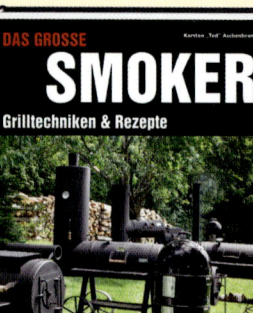

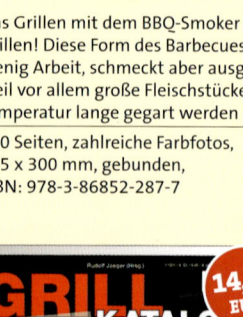